BIBLIOTECA AULA
Coleção Musa Cinema
Volume 1

HUMBERTO PEREIRA DA SILVA

ir ao cinema um olhar sobre filmes

MUSA
EDITORA

copyright © Humberto Pereira da Silva, 2005

Raquel Matsushita
CAPA E PROJETO GRÁFICO

Lars-Olof Löthwall | Nostalghia.com
FOTO DE CAPA

Juliana Freitas e Marina Mattos
DIAGRAMAÇÃO

Maria Luíza Favret
REVISÃO

Dados Internacionais de Catalogação na Publicação (CIP)
(Câmara Brasileira do Livro, SP, Brasil)

Silva, Humberto Pereira da
    Ir ao cinema : um olhar sobre filmes / Humberto Pereira da Silva.
– São Paulo : Musa Editora, 2006. – (Biblioteca aula ; v. 1. Musa cinema)

    ISBN 85-85653-80-9

1. Cineastas - Brasil 2. Cinema - Brasil 3. Cinema - Produtores e diretores 4. Crítica cinematográfica 5. Filmes cinematográficos - História e crítica I. Título. II. Série.

06-2116	CDD-791.43015

Índices para catálogo sistemático:
1. Crítica cinematográfica 791.43015

Todos os direitos reservados.

Musa Editora Ltda.
Rua Cardoso de Almeida 985
05013-001 São Paulo SP
Tel/fax (5511) 3862 2586 / 3871 5580
musaeditora@uol.com.br
musacomercial@uol.com.br
www.musaambulante.com.br
www.musaeditora.com.br

Impresso no Brasil 2006

DEDICATÓRIA

Bê-Breliz relva Musical
Cínthia-Pagu: Eternamente Minsical

SUMÁRIO

9 *Prefácio*
10 *Apresentação*

Crônicas

Alguns filmes da Retomada
13 Cronicamente inviável
15 Memórias Póstumas
17 Urbânia
19 Lavoura arcaica
21 Milagre em Juazeiro
23 Latitude zero
25 Janela da alma
27 Abril despedaçado
29 Edifício Master
31 A festa de Margarette
33 Deus é brasileiro
35 Amarelo manga
37 Carandiru

Filmes do crepúsculo do XX e da aurora do XXI
41 Matrix
45 De olhos bem fechados
48 Tudo sobre minha mãe
52 Beleza americana
56 Gladiador
59 Magnólia
62 Laços sagrados
64 Celebridades
66 E aí, meu irmão, cadê você?
68 Adeus lar, doce lar
70 Nem trens, nem aviões
73 Amor à flor da pele
75 Traffic
77 Vatel
79 A hora do show
81 Moulin Rouge

83 Fast food, fast women
84 O quarto do filho
86 A caminho de Kandahar
88 Terra da ninguém
90 Uma mente brilhante
92 Um casamento à indiana
94 8 mulheres
96 A comunidade
98 Dolls
100 O crime do Padre Amaro
102 Intervenção divina

Breves ensaios

Perfil de alguns cineastas
105 Alfred Hitchcock: a arte de entreter com glamour e medo
113 Andrei Tarkovsky: para além do olhar
122 Elia Kazan: a encruzilhada dos caminhos
131 Jean Renoir: um moralista nas telas
140 Peter Greenaway

Temas de cinema
151 Personagens solitários que trafegam em *Amores brutos* e *Brother*
157 Godard e a cruzada vanguardista
161 Leni Riefenstahl e Elia Kazan: nas fronteiras entre estética
e comprometimento
170 Cinema e filosofia em Bergman e Tarkovski: a questão da escolha
em *O sétimo selo* e *O sacrifício*
177 Questão de gosto e de compreensão: a apreciação de um filme

186 *Ficha técnica dos filmes*
189 *Índice onomástico (Diretores citados)*

PREFÁCIO

Um cinema para iniciar o século XXI

Todo bom crítico de cinema tem seus inúmeros lado B. Tem uma formação geralmente distante dos estudos e práticas do cinema, como psicologia, direito, medicina e filosofia, como é o caso de Humberto Pereira da Silva. Professor de filosofia, tem dedicado muitos anos ao estudo e acompanhamento de filmes, tendências e diretores. Humberto é antes de tudo um cinéfilo com uma visão crítica essencial para se entender o cinema que se está fazendo no momento, um cinema de transição para as mudanças que o século XXI, uma transição que acontece silenciosamente no campo do conhecimento e da informação por meio da arte, do entretenimento e da cultura. As transformações do meio-ambiente e da corrida pelo poder entre as potências mundiais, essas são mais visíveis.

O cinema pode sim refletir as doenças e as transformações sutis de seu tempo. É uma das artes mais apropriadas para tanto. Tem estilos, gêneros e formatos que vão do documentário puro e simples do registro do imediato, do que acontece no momento, de fatos históricos ou políticos, aos comportamentos do homem diante da vida. A ficção no cinema procura retratar de forma mais compreensiva a alma do homem por intermédio das suas ações, suas narrativas, como se prendesse um tempo em cada filme, capaz de ser visto como velho uma década depois de ter sido realizado. O cinema talvez seja, entre todas as artes, o melhor "guardador" de tempo.

É nessa linha que os textos do Humberto convergem, numa busca do olhar do leitor, uma forma de fazer entender o que diz cada filme além do que mostram suas molduras. Daí a importância dos textos de Tarkovsky, Jean Renoir e Peter Grenaway, como representação de mundos distintos, o primeiro pela fabulação filosófica, o segundo pelo realismo e o terceiro pela radicalização de uma linguagem cinematográfica desvinculada da literatura e do sentimentalismo que o texto poético costuma ter.

Para entender a virada do século XX, *Matrix* é o melhor exemplo de um cinema projetado para o futuro, onde a realidade virtual foi usada tanto como conteúdo da história quanto para a sua manufatura. As maquetes para serem filmadas em películas cederam lugar às imagens geradas e multiplicadas pela tecnologia digital, em uma mesma época em que o cinema americano filmava o umbigo da família média que vota no Bush, pelos filmes como *Beleza Americana*, *Traficc* e *De olhos bem fechados*.

O cinema brasileiro faz essa virada de século com um movimento chamado Retomada, que, por falta de um nome para o retorno da produção de filmes após seu quase aniquilamento no governo Collor, retoma-a em meados de 1994 – e ganhando imediatamente uma grande repercussão com o filme *Central do Brasil*, que chegou à indicação ao Oscar, ao lado das produções americanas –, transformando-se todo o cinema brasileiro numa questão de soberania nacional.

Humberto analisa os filmes dessa chamada Retomada, buscando em cada um sua razão de ser. Inicia suas críticas com o *Cronicamente inviável*, o cinema mais ácido com a realidade do país, que se fosse levada a sério pelo que diz o conteúdo desse filme, o Brasil nunca teria chances de sair da miséria econômica e cultural em que se encontra. Um país que vive em favelas, em que as pessoas sonham com o ter suas casas como são as das novelas da Rede Globo ou nisso acreditam, resta ao cinema a parte chata de ter de mostrar a realidade que a tv não mostra. O cinema brasileiro da Retomada está impregnado dessa realidade, exposta em *Deus é brasileiro*, *Amarelo manga*, *Latitude Zero*, *Carandiru* e *Edifício Master*: um documentário sobre os moradores de um prédio de classe média baixa na Zona Sul do Rio de Janeiro. Tanta realidade que chega a atrapalhar a verdadeira função de um filme.

Ir ao cinema – um olhar sobre filmes é um ensaio para se entender o imediato, o agora, antes que envelheça e vire história, e deixe de ser interessante, de ser cinema, a arte de transportar pessoas através do olhar.

HERMES LEAL
Jornalista, escritor, pós–graduado em cinema pela ECA/USP e editor da *Revista de Cinema*.

APRESENTAÇÃO

Este livro reúne textos publicados em diversos momentos e com objetivos variados. Desde 1999 (concomitantemente às atividades de professor e pesquisador em filosofia da educação) tenho escrito com certa regularidade crônicas e breves ensaios sobre cinema. A diversidade dos escritos me exigiu uma organização em que separo as crônicas rápidas (seria demasiada pretensão chamá-las de críticas), publicadas quase que em sua maioria na *Revista de Cinema*, onde trabalhei por três anos, do perfil de alguns cineastas significativos para a compreensão da arte cinematográfica e do esboço de ensaios sobre assuntos de cinema.

Assim, na primeira parte do livro, separo os textos obedecendo aos seguintes critérios: crônicas sobre alguns filmes da Retomada – expressão que assinala o momento da produção cinematográfica brasileira em meados da década de 90 – e crônicas de alguns filmes internacionais exibidos nas salas de cinema por aqui e que mereceram minha apreciação ou por seu conteúdo político e social ou por trazerem elementos de linguagem interessantes para a discussão. São, claro, textos de circunstância e minha intenção ao publicá-los não é outra senão instigar o leitor para vê-los ou revê-los com atenção: um ou outro ponto que destaquei com o meu olhar talvez mereça um olhar pausado (entendo que um filme exige sempre do espectador um novo olhar).

Na segunda parte do livro, reúno perfis que escrevi para a *Revista de Cinema* no espaço Dossiê. São cinco artigos nos quais procuro apresentar uma visão panorâmica, mas ao mesmo tempo crítica, dos seguintes cineastas: Alfred Hitchcock, Andrei Tarkovski, Elia Kazan, Jean Renoir e Peter Greenaway, cineastas que exigem do espectador um olhar a cada filme. Na segunda parte do livro também estão reunidas algumas de minhas intervenções públicas no Café Filosófico, promovido pela *Livraria Alpharrábio*. São textos em que aproveito um tanto de meus estudos em filosofia para examinar temas de cinema. Esses esboços são apresentados na forma de solilóquio, vale dizer: uma digressão que segue o modelo fornecido por Michael Montaigne, quando este trata em seus *Éssais* (Ensaios) dos assuntos mais variados, sem pretensão de estabelecer um ponto final.

Ir ao cinema – um olhar sobre filmes revela, com isso, um pouco dos limites de meu trabalho: alguém que desenvolve principalmente a atividade de professor universitário e que guarda parte do tempo para ver filmes e escrever sobre cinema. Limites, pois meu olhar é um olhar distraído, um olhar aberto a observações mais precisas. Um olhar, por outro lado, porque creio piamente que ao olharmos para a tela, numa sala de projeção de um cinema ou num aparelho de TV, contruímos uma série de significados e sentidos que podem ou não ser postos numa folha de papel (um hábito notório é que dificilmente deixamos de expressar a alguém nossa apreciação sobre um filme tão logo descortinamos o olhar da tela). Um olhar, ainda, porque acredito que ao escrever tento tornar relevante para quem não está ao meu lado outros novos elementos para a compreensão de um filme.

Com exceção dos esboços de ensaios e de uma ou outra crônica, os artigos publicados na *Revista de Cinema* conservam a forma com que foram impressos. Textos de circunstância, creio ser importante que o leitor deste livro os receba exatamente como receberam os leitores da revista. Qualquer modificação, para mim, seria como uma corrupção ao que foi pensado inicialmente e depois recebido pelo papel (preservo, portanto, equívocos e eventuais acertos). Feitas as contas, é só porque acredito que o que escrevi se mantém que tomo coragem para organizar artigos em livro.

No mais, parafraseando Godard, se uma mulher é uma mulher, um livro é um livro e um olhar é um olhar. Se o cinema exige um olhar, um livro se apresenta aos olhos exigentes de um leitor, para o qual, portanto, essas linhas se destinam.

HUMBERTO PEREIRA DA SILVA
Três Montanhas, maio de 2005.

CRÔNICAS alguns filmes da Retomada

CRONICAMENTE INVIÁVEL

Cronicamente inviável, de Sérgio Bianchi, é um filme instigante; provoca um estranhamento (um desconforto) em quem vê as imagens projetadas na tela. Contudo, vistas as imagens, recomenda-se um alerta: não se deve generalizá-las.

Ora, o filme de Sérgio Bianchi segue a linha *Short cuts*, de Robert Altman (várias histórias paralelas constituem o material da trama), ao tentar pincelar alguns traços de hábitos de alguns brasileiros. Para tanto, percorre um itinerário que vai do Oiapoque ao Chuí. Nesse itinerário há um aclamado intelectual que trafica órgãos humanos, uma mulher que atropela um menino de rua e não o socorre porque está atrasada para um compromisso, um líder sem-terra que trata o povo como rebanho, um casal burguês que, num papo num restaurante, comenta ter esquecido de pagar a semana da empregada, um garoto de programa com sentimento de culpa pela miséria... O fundo moral é o seguinte: ninguém se salva nestas terras. Negros, índios, brancos, poloneses, judeus *et alii* estão todos no mesmo balaio de gatos; todos têm algo de corrupto, de sacana, de trambiqueiro.

Na cena final, uma mendiga, olhando para o filho pequeno, diz que se orgulha dele e do grande futuro que ele há de construir e diz ainda que o menino deve ser honesto e não precisa se envergonhar de sua pobreza. Depois da cena final pode-se perguntar: o próprio filme de Bianchi é revelador de traços corruptos, sacanas e trambiqueiros? Sim, pois talvez o que mais choque no filme não seja o tratamento dado a uma cruel seleção do que há de pior na realidade brasileira, mas a lista de agradecimentos às várias empresas nos créditos finais. Então, não se deve generalizar porque com isso quem deu grana para realizar o filme não escaparia das tintas usadas por Bianchi. Bem entendido, o problema não é o das intenções implícitas ou explícitas do diretor, e sim do que a trama sugere: se não há brecha para pensar numa salvação, *Cronicamente inviável* é menos uma denúncia ou coisa parecida do que um elemento do quadro por ele mesmo pintado.

O risco de generalização é tanto maior quanto mais o filme de Bianchi é confrontado com a realidade. Para tanto, basta colocar lado a lado *Cronicamente inviável* e o acontecimento midiático (o *happening*) envolvendo Sandro Nascimento (suposto nome do rapaz que protagonizou o seqüestro do ônibus no Rio de Janeiro, uma performance digna de Floyd Collins, o jovem americano desconhecido que, nos anos 1920, ganhou as manchetes dos jornais mais prestigiosos do país ao ficar com um pé preso entre duas rochas numa caverna e inspirou *A Montanha dos Sete Abutres*, de Billy Wilder). Explico: tanto no filme quanto no seqüestro do ônibus no Rio de Janeiro, qualquer semelhança com a realidade não é mera coincidência. Logo, não podemos generalizar porque a realidade no filme, caricatural, não é a realidade na vida, táctil; e não podemos generalizar, também, porque a realidade no seqüestro é tão absurda (na soma, tudo não passou de um grotesco mal-entendido, pois o bandido não queria seqüestrar o ônibus, os PMs não queriam matá-lo, a imprensa não queria registrar um insólito assassinato) que a realidade num filme como *Cronicamente inviável*, por mais exagerada que seja, é insuficiente para mostrar um absurdo como o do seqüestro (tanto o filme de Bianchi quanto o de Altman não flertam com o surreal). Alguém ainda poderia dizer: não podemos generalizar porque o filme e o seqüestro revelam apenas algumas imagens do Brasil. *Bossa Nova*, de Bruno Barreto, está aí para mostrar uma imagem bastante diversa da mostrada em *Cronicamente inviável*.

Se *Cronicamente inviável* for levado a sério e, com isso, não se entender que ele mostra apenas uma entre outras imagens dos brasileiros, então o Brasil não tem salvação. Mas, se esse é o caso, como justificar que alguém dê dinheiro para outro mostrar a inviabilidade do país? Se o negócio (a empresa) funciona, inclusive para financiar um filme, é uma falácia pressupor a inevitabilidade do inviável. Então, imagino que o público bem-educado, limpo e elitista que assiste ao filme não está nos traços de Bianchi; senão, nesse público (em quem investiu grana) há algo de corrupto, sacana e trambiqueiro; e, além disso, algo meio masoquista, como o gosto de viver perigosamente nestas terras.

Revista de Cinema, ano I, n° 4, agosto de 2000.

MEMÓRIAS PÓSTUMAS

A aproximação do cinema com a literatura leva alguns diretores a uma aventura difícil: transformar em imagens o que, em princípio, foi feito para a imaginação. Ora, a leitura de um romance leva o leitor a criar, por conta e risco, suas próprias imagens para apreender a descrição de uma fisionomia ou de um traço de caráter. Personagens como Hamlet e Dom Quixote permanecem porque a narrativa de suas ações é reveladora da condição humana frente à existência. É sempre possível encontrar as ações vividas por esses personagens nas mais diversas situações da vida. Por isso, seus feitos funcionam como ilustrações de aspirações e inquietações universais. Sem isso, a literatura seria só um belo exercício de beletrismo.

Então, uma grande dificuldade para quem faz cinema é, justamente, mostrar imagens que levem o espectador a identificar aspirações e inquietações universais. E essa dificuldade se torna maior quando se tem uma obra literária fazendo sombra. Não é possível escapar à comparação. Como grande parte da literatura é feita para instigar a imaginação, a dificuldade em uma adaptação para o cinema consiste em buscar um ajuste entre a imagem imaginada pelo leitor e a imagem que ele vê na tela.

André Klotzel resolveu enfrentar o desafio de levar para a tela *Memórias póstumas*, baseado nas *Memórias póstumas de Brás Cubas*, de Machado de Assis. As dificuldades enfrentadas por Klotzel são bastante claras: encontrar soluções fílmicas para uma obra literária cuja riqueza está justamente no modo como Machado de Assis narra a história de Brás Cubas. Como as ações vividas pelo defunto se passam na cidade do Rio de Janeiro do Império, a primeira dificuldade consiste em mostrar a sociedade e os costumes que dão sentido àquele mundo, àquela época. E, tratando-se de um personagem que conta suas memórias do caixão, a segunda dificuldade que surge é: como mostrar um personagem que narra a sua vida deste ponto de vista?

Klotzel se safou da primeira dificuldade com um recurso bastante engenhoso. A cidade do Rio de Janeiro do século XIX está na iconografia, ou seja, nas pinturas de Rugendas, Debret e Pedro Américo, no modo como esses pintores captaram a luz, os costumes, a silhueta da Baía da Guanabara. No *Memórias póstumas* praticamente não há descontinuidade entre as cores das tintas usadas por aqueles pintores e os filtros de luz para compor uma cena. Num dado momento, um negro montado num cavalo passa a ilusão de que se trata de um Rugendas.

Para enfrentar a segunda dificuldade, Klotzel optou por mostrar um Brás Cubas presente nas memórias narradas. Há um paralelismo entre as imagens do narrador e as imagens narradas. Brás Cubas não está no caixão, com suas reminiscências, mas no próprio local em que as ações se passam. Essa escolha, no entanto, apresenta um inconveniente. A estrutura do romance machadiano – com as idas e vindas no tempo, os capítulos curtos e as alusões morais e sarcásticas sobre a condição humana – perde a força quando se vê a imagem de um Brás Cubas falando de modo excessivamente caricatural e didático. Com essa escolha, Klotzel exige que o espectador desloque o foco de atenção nas imagens. E, com isso, o Brás Cubas de Klotzel se assemelha mais a um professor que organiza esquematicamente sua exposição do que a um defunto que trata as veleidades humanas com refinado sarcasmo. Porque optou pelo esquematismo didático, *Memórias póstumas*, de Klotzel, apresenta um Brás Cubas carente de aspirações e inquietações universais.

REVISTA DE CINEMA, ANO II, Nº 16, AGOSTO DE 2001

URBÂNIA

A cidade de São Paulo é o personagem principal em dois grandes filmes da década de 60: *Noite vazia*, de Walter Hugo Khouri, e *São Paulo S.A.*, de Luis Sérgio Person. Nesses dois filmes, guardadas as diferenças de tema (o primeiro tem como fio condutor uma temática intimista, e o segundo focaliza o processo de modernização da cidade), é mostrada a crueza das relações numa cidade em que as pessoas mal se comunicam. Flávio Frederico concebeu *Urbânia* para dialogar explicitamente com esses dois filmes e, além deles, pode-se acrescentar outro *cult* dos 60: *O bandido da luz vermelha*, de Rogério Sganzerla.

A partir dessas referências, Flávio Frederico trouxe o problema da cidade para os dias atuais. E aí *Urbânia*, do mesmo modo que *Cronicamente inviável* e *Domésticas*, se inscreve no rol do que se pode chamar de filme-denúncia, ou seja, trata-se de um tipo de filme que não só procura mostrar a incomunicabilidade das pessoas, como também chocar a sensibilidade da classe média, ao abordar o hiato social que separa as pessoas que trafegam pelas avenidas da cidade. Para os filmes-denúncia, há um diálogo tácito entre os passantes que possibilita um nível mínimo de tolerância e, por isso, a narrativa desses filmes deixa a sensação de que, o tempo todo, o fio que liga essa tolerância pode se esgarçar a qualquer momento.

Assim como nos filmes que lhe servem de referência, a cidade de São Paulo é o personagem principal de *Urbânia* e, tanto quanto nesses filmes, sua narrativa (um misto de ficção e documentário) está centrada na crueza das relações na megalópole. Flávio Frederico trabalha o problema da cidade de modo ao mesmo tempo nostálgico e atual. Os elementos nostálgicos estão nas imagens glamourosas da Paulicéia no passado; já os atuais estão nas flanelinhas, nos limpadores de pára-brisa, na boca do lixo, enfim, no submundo. O viés nostálgico, indiscutivelmente, torna *Urbânia* um filme gostoso de se ver. Ocorre que Flávio Frederico não fez exatamente um filme para os olhos: a miséria está espalhada nos becos e nos botecos. Assim sendo, a ambivalência narrativa de *Urbânia* (presente de modo elíptico e alusivo na maneira como os dois protagonistas – um quatrocentão decadente e cego e seu motorista afinado com a malandragem da boca do lixo – cruzam o asfalto esburacado da cidade ouvindo Vanderléia num Dodge Dart conversível) dilui sua força de nostalgia ou denúncia.

Ora, a nostalgia, de um lado, aponta para um passado que se reconstitui apenas pela memória; ele não diz respeito ao presente senão para mostrar aos contemporâneos como as coisas foram corrompidas pelo tempo.

O lado concreto das coisas, por outro lado, aponta para o futuro; daí que, se *Urbânia* foi concebido como denúncia, esta, se bem-intencionada, não visa outra coisa senão à mudança. Consideradas, pois, as dimensões nostálgica e atual, se *Urbânia* for entendido como denúncia, o passado não passará de um elefante branco; vale dizer: belas imagens fora do lugar. Se, em contrapartida, *Urbânia* for entendido como uma apologia do passado, então qualquer boa intenção de denúncia cairá no absurdo. De sorte que, num caso ou no outro, a narrativa poética da cidade de São Paulo proposta por Flávio Frederico fica num beco sem saída.

REVISTA DE CINEMA, ANO II, Nº 17, SETEMBRO DE 2001.

LAVOURA ARCAICA

Raduan Nassar fez sua estréia na literatura em 1975, com o romance *Lavoura arcaica*. Esse livro chamou a atenção da crítica por se tratar, antes de mais nada, de uma aventura com as possibilidades da linguagem. Raduan compôs um romance cujo valor estético está contido na forma elíptica e basculante com que os acontecimentos são narrados. Sua estrutura narrativa se revela de uma cautela tal que coloca o leitor na iminência de sentir cada descrição quase que exclusivamente por referência às suas impresões pessoais. Assim, *Lavoura arcaica* é um romance em que os mais requintados recursos da linguagem são postos a serviço de uma escrita que envolve o leitor mais pela sugestão do que pelo desvelamento. De certo modo, as ações dos personagens não se explicam; não há um movimento que possibilite ao leitor compor um quadro mental único da narrativa.

Justamente por se constituir numa obra cuja beleza reside nos efeitos derivados das posssibilidades de uso da linguagem, há de se considerar que as imagens literárias que o leitor formar estarão além do que é fornecido pela própria narrativa. De sorte que, no romance de Raduan, as imagens literárias que nele se manifestam são originais e requintadas. Diante disso, quem tiver em vista a beleza da prosa e, como conseqüência, a expectativa de encontrar esses elementos num filme, irá se desapontar: a transposição da aventura da linguagem na prosa de Raduan não é porosa ao cinema. Tal filme, ainda que se dispusesse a seguir fielmente o livro, teria natureza radicalmente distinta deste, pois as palavras que possibilitam a construção de figuras, como uma elipse ou um anacoluto, exigem outro tipo de acomodação, em vista das imagens. Não basta o ator reproduzir fielmente o conteúdo da quebra de uma construção frasal; o efeito não é o mesmo no mínimo porque o olhar do espectador tem diante de si, além da fala, os movimentos do ator para desviar a atenção, ou seja, o efeito da frase, em última instância, seria obtido em proveito do enquadramento da imagem.

Luís Fernando Carvalho levou o romance de Raduan para a tela e a ressalva a ser feita é: só é possível apreciar a eventual beleza do filme considerando as soluções cinematográficas de que o diretor lançou mão para exibir o assunto do romance, ou seja, só é possível pensar o filme a partir do próprio filme. Dessa forma, o assunto do romance é um pretexto para a narrativa fílmica.

E qual é o assunto do filme? Ora, tratar da complexa relação que se estabelece entre André, seu irmão mais velho, seu pai, uma de sua irmãs e sua mãe. Filho intermediário numa numerosa família patriarcal de imigrantes libaneses, André não suporta a condição de filho enjeitado que, além de tudo, se apaixona de forma devastadora pela irmã e abandona a casa paterna. No início do filme, o irmão mais velho vai ao seu encontro para tentar convencê-lo a voltar para casa e dizer que sua saída provocou um abalo na estrutura da família. É então que, em *flashback*, André relata as razões mais profundas de sua saída. O confronto entre os irmãos é tenso e cheio de significações religiosas, morais e metafísicas. O sentido da coesão familiar e as normas que garantem sua convivência são estilhaçados nesse encontro.

Tendo o romance de Raduan como suporte, Carvalho procurou transmitir a sensação de insegurança e o sentimento de culpa que perseguem André. Guardadas a profundidade e as escolhas do diretor (há uma oscilação constante entre tomadas mais longas e contemplativas e outras mais vertiginosas), pode-se dizer que *Lavoura arcaica* se aproxima de *Estorvo*, de Ruy Guerra. Assim como no filme de Guerra, é inegável, pois, a beleza da composição fílmica e a profundidade das questões que estão encerradas em *Lavoura arcaica* – um filme intimista, longo e que, num certo sentido, leva o espectador a uma experiência de sublimação pelas imagens.

Com isso, não se pode negar que, tanto quanto *Estorvo*, trata-se de um filme pretensioso, que carrega nas tintas para assumir a feição de um filme de arte. Porque caminha nessa direção, há um ponto que não pode ser deixado de lado: *Lavoura arcaica*, de Luís Fernando Carvalho, resvala na linha fronteiriça que separa a obra-prima do maneirismo. Apesar dos belos enquadramentos, do requinte das tomadas, dos *plongées* e *contraplongées* e da riqueza temática, o ritmo dramático é tão afetado e calculado que – justamente por conta da pretensão – leva o filme de Carvalho a tombar para o lado da impostura. Caso revelasse menos pretensão, *Lavoura arcaica* seria um marco indelével na cinematografia nacional.

Revista de Cinema, ano II, nº 18, outubro de 2001.

MILAGRE EM JUAZEIRO

O engate entre religiosidade e pobreza é a tônica em algumas das obras mais relevantes do cinema brasileiro. Desde filmes tão diversos quanto *O pagador de promessas*, de Anselmo Duarte, e *Deus e o Diabo na Terra do Sol*, de Glauber Rocha – emblemáticas dos anos 60 – até os recentes *Santo forte*, de Eduardo Coutinho, e *Fé*, de Fernando Dias – frutos do ressurgimento do cinema nacional na era pós-Collor –, essa junção aparece ora com acento no diagnóstico de um país marcado pela presença religiosa como elemento alienador das massas, ora com acento em símbolos de identidade cultural num país em que o sincretismo religioso é uma viga mestra em diversas relações sociais. *Milagre em Juazeiro*, de Wolney Oliveira, é um misto de documentário e ficção que, ao se fixar em alguns episódios que deram origem ao mito do Padre Cícero (cultuado por cerca de 40 milhões de pessoas em todo o país), se apresenta como mais um exemplar de nossa cinematografia que conjuga religiosidade e pobreza.

A figura do Padre Cícero, de fato, reúne todos os elementos para um filme cujo foco seja a exacerbação do misticismo num ambiente miserável. Trata-se, pois, da história de um homem que foi o pároco responsável pela comunhão dos fiéis nas missas realizadas na Vila de Juazeiro e que, durante uma cerimônia em 1889, viu a hóstia dada à beata Maria de Araújo, uma negra pobre e analfabeta, se transformar em sangue. Tal fenômeno – imediatamente considerado um milagre – só podia ser explicado pela garantia de que somente a fé dos pobres toca o coração de Jesus Cristo. Essa crença aumentou na medida em que o dito milagre não se realizou quando, em vez de passar pelas mãos do Padre Cícero, a hóstia foi dada à beata por uma autoridade clerical refratária aos sentimentos dos pobres.

Ora, a questão que se coloca é a de saber se *Milagre em Juazeiro* apresenta um Padre Cícero que funciona mais como uma figura alienante ou mais como um símbolo de identidade religiosa. Num primeiro momento, as imagens do filme de Wolney Oliveira deixam a sensação de que escapam da aproximação com uma filmografia que vê a exacerbação do misticismo como saída para apaziguar os miseráveis numa sociedade marcada pela separação de classes. Ou seja, *Milagre em Juazeiro* não é um filme de matiz ideológico; não funciona, pois, como um chamamento para que as massas tomem consciência de que a fé cega aliena. Com isso, o Padre Cícero de Wolney Oliveira desponta menos como uma figura alienante do que como símbolo religioso que, apesar de alheio às relações de poder que o cercam, conforta as massas dos imperscrutáveis desígnios de Deus.

Contudo, apesar de tentar compor um Padre Cícero carismático e confortador, as intenções de Wolney Oliveira ficaram no meio do caminho. De fato, ao misturar documentário e ficção, o que se vê em *Milagre em Juazeiro*, quando se contrastam os depoimentos dos fiéis e a narrativa ficcional, é, antes, um Padre Cícero tímido e assustado diante das autoridades clericais, completamente alheio ao culto que se desenvolve em torno de sua figura.

REVISTA DE CINEMA, ANO II, N° 19, NOVEMBRO DE 2001.

LATITUDE ZERO

Com *1999* (1992) – uma trama futurista passada nos últimos anos do milênio –, Toni Venturi estreou na ficção. Em seguida, foi para a televisão e dirigiu séries como O *paulista adora a Paulista, Mata Atlântica, ainda temos tempo* e relançou o programa *Conexão Roberto D'Avila*. Depois de uma década de dedicação quase que exclusiva à TV, Venturi voltou ao cinema com *Latitude zero*, seu primeiro longa de ficção, que tem granjeado respeito da crítica em diversos festivais internacionais e nacionais nos quais tem sido exibido.

Latitude zero propõe uma rediscussão de temas nacionais (do Brasil profundo) numa perspectiva que, num primeiro momento, o aproxima do Cinema Novo. *Deus e o Diabo na Terra do Sol* (1964), de Glauber Rocha, e *Os fuzis* (1964), de Ruy Guerra, podem ser lembrados quando se vê a história de Lena (Débora Duboc), uma mulher grávida que foi abandonada pelo amante e passa a viver abrigada num bar à beira de uma estrada quase deserta, num ambiente que se abre para grandes horizontes desolados. Sua vida ganha outro rumo com a chegada de Vilela, um ex-policial procurado pela justiça por causa da morte de um rapaz de classe média em São Paulo. Através da saga desses dois desafortunados que estão perdidos no meio do Brasil, Venturi mostra uma tensão constante num clima que inevitavelmente antecipa – desde a primeira seqüência em que se encontram – um desenlace trágico. Como nos filmes do Cinema Novo, *Latitude zero* exibe situações sórdidas em que os personagens, como se estivessem delirando, oscilam momentos de esperança e desespe-rança, confiança e desconfiança, ajuste e desajuste diante do acontecimento mais banal. Tendo isso em vista, os personagens de *Latitude zero* estão jogados num contexto em que o menor incidente desencadeia os impulsos mais primitivos.

Se, por um lado, *Latitude zero* propõe uma rediscussão de temas nacionais na perspectiva apontada pelo Cinema Novo, por outro, Venturi, ao contrário dos cinemanovistas, é menos ousado na narrativa do que nos enquadramentos, nas panorâmicas, nos movimentos de câmara e na composição dramática dos personagens. Com isso, *Latitude zero* se liga a filmes como *Central do Brasil* (1998), de Walter Salles, e *Baile perfumado* (1997), de Paulo Caldas e Lírio Ferreira. Ou seja, assim como os cinemanovistas, Venturi concebeu um filme que se ressente da necessidade de apontar a câmara para o interior do Brasil a fim de desencadear uma discussão que está fora dos problemas de classe média do eixo Rio-São Paulo, mas a rediscussão que se propõe é balizada por uma estética que inscreve *Latitude zero* como um representante dos filmes da Retomada do cinema nacional que surgiram nos anos 90. No novo estilo, não há espaço para deficiências técnicas de roteiro e a fotografia chapada não se justifica como um sinal de subdesenvolvimento do país. Os filmes da Retomada se sustentam, pois, a partir de outros códigos, com uma maior atenção à limpeza das imagens e à estetização da miséria. Assim, nada de rupturas drásticas na narrativa: a trama caminha para o psicológico, como numa concessão para o público, no estilo da cinematografia americana.

Seguindo o novo estilo, portanto, ao mesmo tempo que estiliza os problemas do Brasil profundo em proveito da ousadia narrativa, Venturi propõe uma discussão que se depara com o delicado dilema do exotismo. De fato, em *Latitude zero,* o que se vê na tela é tão distante dos olhos de um espectador da cidade que sequer é possível encontrar poucos vestígios do meio urbano. A tela funciona, pois, como um elo frágil entre "eles" e "nós": não há Coca-Cola no bar em que Lena e Vilela se abrigam. Nesse cenário, o dilema que se apresenta é: o interior do Brasil está irremediavelmente condenado ou é possível desbravá-lo para a construção de um Brasil Grande?

Com *Latitude zero*, Toni Venturi aponta para a primeira alternativa. Mas, sendo assim, as imagens desse filme acabam, inequivocamente, fortalecendo a idéia de que o Brasil profundo é algo como o coração da barbárie: tentar desbravá-lo não passa de um profundo contra-senso, visto que a imensidão do horizonte não dá margem a nenhuma saída. Ao apontar para essa alternativa, Venturi fez – tanto em seus excessos estilísticos quanto na mensagem que localiza a barbárie nos trópicos – algo como uma versão intimista de *Apocalipse Now.*

REVISTA DE CINEMA, ANO II, N° 22, FEVEREIRO DE 2002.

JANELA DA ALMA

O olho abraça a beleza do mundo inteiro. É janela do corpo, por onde a alma especula e frui a beleza do mundo. O que há de admirável no olho é que através dele – de um espaço tão reduzido – é possível a absorção das imagens do universo. De sorte que esse órgão – um entre tantos – é a janela da alma, o espelho do mundo. Essas palavras, de Leonardo da Vinci, foram admiravelmente aproveitadas pela filósofa Marilena Chauí em um ensaio justamente intitulado "Janela da alma, espelho do mundo", que resultou de palestra em um ciclo sobre "O Olhar".

Mais recentemente, J. L. Godard, em sua cruzada civilizatória que incluiu incursões pelo "ensaio cinematográfico", convida o espectador, com suas *Histoires du cinéma*, a olhar para o século XX pelo prisma da imagem. É pela imagem, pela trucagem cinematográfica, desde Méliès e Griffith, que se pode pensar na própria possibilidade de saturação da linguagem do cinema. Ainda que seja demasiada pretensão, João Jardim e Walter Carvalho aproveitam a máxima de da Vinci e o estilo "ensaio cinematográfico" e apresentam *Janela da alma*. Num primeiro momento, é inegável que, ao colocar algumas celebridades (destacam-se os depoimentos de Hermeto Pascoal, Wim Wenders, Evgen Bavcar e Agnes Varda) para falarem como se vêem, como vêem os outros e como percebem o mundo, as imagens colhidas por Jardim e Carvalho surpreendem, deixam a sensação de que, no estilo Godard, a junção imagem e palavra – para além de uma narrativa convencional – abre caminho para certa forma de expressão da realidade. Trata-se de considerar a possibilidade de que haja algo no conjunto formado entre a imagem e a frase que exige do espectador uma posição sobre o mundo que o cerca. A imagem – o feitiço da figuração – basta por si mesma para expressar certa realidade (ou ilusão de realidade); a palavra – o feitiço da frase –, por outro lado, funciona como contraponto não para explicar a imagem, mas para dizer sobre o mundo (ou a ilusão do mundo) por outro viés.

Se a imagem possibilita, pois, certa incursão sobre a realidade e a frase (mas precisamente, a frase escrita) possibilita outra incursão sobre a realidade, como ajustar essas possibilidades aos que não vêem, ou, ainda, aos que vêem um mundo desfocado? O filme de Jardim e Carvalho, ao tomar depoimentos de diversas pessoas com diferentes graus de deficiência visual – da miopia discreta à cegueira total –, mostra imagens que, para esses protagonistas, quando muito, serão "vistas" por um foco bastante diverso do daqueles que enxergam plenamente. Ou seja, se o olho abraça a beleza do mundo inteiro, que beleza é abraçada por quem não tem a janela aberta para o mundo? Se *Janela da alma*, de Jardim e Carvalho, funciona como metáfora, é sempre possível enxergar, mesmo que a janela não esteja aberta. Não fosse assim, Hermeto Pascoal não legaria – para os que enxergam muito bem – uma beleza sonora duradoura. E, de outro modo, é sempre possível – num mundo poluído por imagens – estar cego para o que se vê a todo instante: o olhar se deforma pelo excesso.

Janela da alma talvez peque por excesso de pretensão (trata-se, no frigir dos ovos, de uma abordagem cara à filosofia e à fisiologia); talvez tenha sido concebido num ritmo pouco ajustado às inquietações que suscita (a escolha dos entrevistados e as entrevistas são desarmônicas, o que provoca a sensação de que não há uma mensagem por trás do que é dito). *Janela da alma*, ainda, talvez se ressinta – justamente porque, como um "ensaio cinematográfico" no estilo Godard, não é nem propriamente um documentário nem ficção – de maior ousadia no plano da linguagem (os cortes, os enquadramentos, a *découpage* sugerem, mas o *pathos* que resultaria dessas sugestões é quebrado pelo academicismo das imagens). Apesar disso, há de se ressaltar que Jardim e Carvalho empreendem uma viagem pouco comum no cinema brasileiro: aproximar do cinema questões específicas do âmbito da ciência e da filosofia. O caso, no entanto, não é que *Janela da alma* tem, por assim dizer, primeiramente um "matiz filosófico", mas tão-somente que o tema desse filme se presta à análise filosófica. Para uma filmografia que teve grandes representantes do "cinema-verdade", apenas *Imagens do inconsciente*, de Leon Hirszman, guarda semelhança com *Janela da alma*. Com isso pode-se dizer que se trata de um filme que surpreende na medida em que tenta realizar a penosa tarefa de exigir que o espectador pense sobre o mundo que o cerca.

REVISTA DE CINEMA, ANO II, Nº 24, ABRIL DE 2002.

ABRIL DESPEDAÇADO

Depois de perder na indicação para o Oscar e de um longo e controverso caminho pelos festivais europeus (esteve em Veneza e, apesar do Leoncino d'Oro, a recepção crítica não foi a mais calorosa), *Abril despedaçado*, mais recente filme de Walter Salles, finalmente estréia nestas plagas. Do mundo, pois, para o Brasil e, como conseqüência, a opção por um vôo mais alto guarda um inconveniente: do ponto de vista da expectativa, sua estréia pode funcionar tanto como um anticlímax – sabe-se mais de seu trajeto e da trama do que seria desejável – quanto como uma prova dos nove: *Abril despedaçado* segue na contramão de *Central do Brasil*? De um lado, o que se pode ponderar é: por que ver um filme que foi estrategicamente concebido para ser aclamado e que – malgrado o cálculo – não recebeu a ovação esperada? Mas, por outro lado, pode-se objetar justamente que, para além das conveniências de divulgação no cenário internacional é quase um dever (pelo menos para quem ou acompanha os filmes da Retomada ou os acontecimentos cinematográficos que passam pela clivagem da "badalação") tomar conhecimento do que Walter Salles está mostrando após o aclamado *Central do Brasil*. Feito esse moto sobre a inevitável expectativa que o cerca, passemos ao filme. Ambientado no Sertão brasileiro no início do século XX e adaptado livremente de romance homônimo do albanês Ismail Kadaré, *Abril despedaçado* recomenda, de início, uma advertência: trata-se menos de uma obra em que se possa reconhecer personagens e paisagens nordestinos do que de uma fábula. O universo em que as *personas* circulam é, ao mesmo tempo, trágico e onírico (escapa, pois, a uma aproximação com o sertão de *Vidas secas* ou de *Os fuzis*). As referências a determinado mundo funcionam muito mais como arquétipos, por meio dos quais a aspereza do sol, invariavelmente, é contrastada com o clima lúgubre das tomadas (há uma sombra de frieza na vastidão calcinada). A psique das *personas*, com isso, carrega nos cenhos, nos sulcos do rosto, no suor e na rudeza dos gestos, algo de misteriosamente insólito e cavalheiresco. O destino de cada *persona* está prefigurado. Portanto, romper a abnegação e os ritos estabelecidos em tempos imemoriais fere, na mesma medida, o sentido da vida e da morte.

É, então, num espaço geográfico fabular que duas famílias, por conta de disputas de terra, mantêm um ciclo ritual de cobranças do sangue derramado. Na seqüência inicial, uma camisa manchada de sangue tremulando anuncia o tom da narrativa. O primogênito da família Breves foi morto e quando o sangue da camisa amarelar é o sinal de que o morto está cobrando vingança. Assim, Tonho, o filho intermediário, é incumbido pelo patriarca de vingar a morte do irmão. Tonho, então, numa seqüência longa e exasperante, executa o rito para o qual fora destinado. A partir desse momento, ele passa a ser acossado pela iminência da vida breve: cabe à família rival voltar a cobrar a dívida de sangue. É assim, nessa ritualidade circular, que é ditado o código de vingança.

Narrado na perspectiva do caçula – uma criança sentimental que vive imersa numa atmosfera de fantasia –, o que se vê é o dilema entre o enfrentamento da morte de acordo com os ritos ancestrais e a fuga para uma vida desonrosa. Tonho tem apenas 20 anos, não conhece o amor e mal caminhou para além das fronteiras das terras do pai. Ora, ao adotar a perspectiva da criança, a narrativa fica confinada à sua visão das coisas. E, com isso, perde-se de vista uma suposta complexidade dos acontecimentos dos ritos e do sentimento de honra nos personagens da trama. Pacu, o caçula, expressa seus sentimentos mais sublimes diante do infortúnio dos irmãos e simplesmente fica desconcertado com a rispidez dos fatos. Falta-lhe, com efeito, maturidade para dar conta de que a morte do irmão mais velho foi fruto de vingança e de que a Tonho não cabe nem renunciar à tarefa de vingar o mais velho nem fugir de seu destino. Faltam-lhe, enfim, elementos para a compreensão da faticidade do mundo em que vive. Porque a realidade lhe parece intangível, Pacu, refugia-se na fantasia e é esse mergulho na fantasia que dá a *Abril despedaçado* seu tom mais terno e lírico. A fuga evoca o desejo de redenção numa esfera completamente alheia aos acontecimentos.

Com uma produção bem acabada, *Abril despedaçado* beneficia-se também de uma trilha musical elaborada, que se integra às imagens para acentuar a carga emocional das ações. Por tudo isso, é forçoso reconhecer que, como em *Central do Brasil*, Walter Salles mostra um drama tão visualmente suntuoso quanto expressivo: alguns sentimentos mais puros são captados por suas lentes. Há, no entanto, dois reparos que não podem ser ignorados. Fosse narrado apenas pela perspectiva de Pacu, teríamos algo muito próximo de *Alemanha, ano zero*, de Roberto Rossellini. Ocorre que *Abril despedaçado* se perde em confusões narrativas que estilhaçam o foco da criança. Por conseguinte, os conteúdos estético e moral do filme são abarrotados pela carência de perplexidade. Ao escapar do foco da criança, Walter Salles, paradoxalmente, dá uma dimensão pueril à trama. Tudo se resolve como farsa e *Abril despedaçado* perde de vista o mistério da ritualidade circular. Quem paga o preço por escapar do código de vingança?

REVISTA DE CINEMA, ANO III, Nº 25, MAIO DE 2002.

EDIFÍCIO MASTER

Eduardo Coutinho é um nome que dispensa apresentações (é figura carimbada no *Dictionaire du Cinéma*, de Jean-Loup Passek). O diretor dos premiados *Cabra marcado pra morrer* (1984), *Boca do lixo* (1992) e *Santo forte* (1999) – que carrega em seus documentários marcas do estilo "cinema-verdade" (que esteve em voga na França no fim dos 50 e início dos 60 e teve em Jean Rouche, com suas experiências sócio-etnográficas, o nome mais representativo) – estabelece uma ponte entre os cinemanovistas (mais precisamente: Arnaldo Jabor em *Opinião pública*) e o chamado cinema da Retomada. Considerando esse dado, Coutinho, ao orientar com seus filmes as discussões sobre cinema e estética nesse início de século, é um caso singular na cinematografia brasileira. E *Edifício Master*, seu mais recente trabalho, reafirma seu nome na "vanguarda" do cinema atual e coloca um pouco de lenha na polêmica sobre estética e cosmética da fome, lançada recentemente pela crítica Ivana Bentes.

Edifício Master surgiu da idéia singela de filmar depoimentos de moradores de um prédio de apartamentos em Copacabana. Coutinho, depois de algumas dificuldades, conseguiu filmar o relato de histórias de vida de alguns moradores do Edifício Master, prédio no qual morou por alguns meses em 1965. Depois de algumas pesquisas para a orientação dos trabalhos, a equipe de Coutinho levou uma semana para colher o depoimento de 37 moradores desse prédio de doze andares (23 apartamentos por andar), no qual habitam aproximadamente 500 pessoas. São relatos tão sinceros quanto dissimulados de personagens iludidos e desiludidos que, pelas razões mais diversas, foram parar no Edifício Master. Numa classificação provisória e imprecisa, convivem no dia-a-dia do prédio os esperançosos, os desamparados, os felizes, os tristes, os austeros, os desencanados, os talentosos, os ressentidos, enfim, nada diferente do que se poderia esperar numa comunidade de 500 pessoas. Os aparentes desníveis sociais, culturais e financeiros, expressos implicitamente nos relatos, apenas acentuam a impressão de que de perto ninguém é normal, de que cada relato encerra uma complexidade que escapa ao que as imagens podem captar ou mesmo sugerir.

Edifício Master é um documentário em que não há um assunto dominante. Os 37 depoimentos são tão despojados quanto possível. A câmara funciona como uma válvula de escape para desabafos, para que experiências sejam partilhadas, como uma miniatura da sociedade, naquilo que ela apresenta de sórdida, amedrontadora e cândida. Coutinho age, atrás da câmara, menos como entrevistador e mais como um atento terapeuta, pronto para ouvir histórias de vida. Algo como um curioso por desvendar como e por que as pessoas fazem certas escolhas, assumem certa postura diante da vida. Seguindo essa linha, o documentário de Coutinho tem, de forma inequívoca, um caráter moral. Cada relato, cada depoimento, presta-se, na medida em que é uma história de vida, a um exame moral. Com isso, *Edifício Master* se afasta um tanto do "cinema-verdade" e flerta com fábulas morais. O que importa em cada depoimento é: qual a moral no que é contado? Se esse é um aspecto novo a ser destacado no cinema documental, nele reside, então, a originalidade desse documentário. O documental com feição de fábula moral. E isso, bem entendido, sem qualquer concessão à cosmética. Coutinho não segue os parâmetros publicitários de alguns representantes da Retomada, que são acusados por Ivana Bentes de darem um tratamento cosmético às mazelas. Ou seja, no debate estética versus cosmética Coutinho está com a estética. A câmara, praticamente fixa e com enquadramentos fechados, deixa ao espectador um tempo para que possa julgar como lhe convier. Nada, pois, de movimentos nervosos, filtros, câmara digital e afins que possam causar dispersão em relação ao conteúdo da cena.

Edifício Master, com certeza, está na contramão das mais recentes produções nacionais (está em flagrante contraste, por exemplo, com *Rocha que voa*, que, por azar, é do filho de Glauber Rocha). Coutinho mantém-se fiel ao ideário cinemanovista. Resta, então, uma incômoda indagação. Uma vez que se trata de um filme com qualidades inegáveis, se *Edifício Master* tiver uma boa acolhida é sinal de que os tempos atuais são porosos à concepção de cinema que Coutinho exibe? Que há espaço para filmes que abordam temáticas sociais e escapam a uma concepção, por assim dizer, publicitária (*Cidade de Deus* é o foco de atenção de Ivana Bentes)? Pois, do contrário, pode-se suspeitar de que o cinema proposto por Coutinho e, na mesma estrada, a crítica à cosmética levada a cabo por Ivana Bentes estão fora do lugar. Assim, *Edifício Master* não deixa de ser um bom termômetro para o debate atual.

REVISTA DE CINEMA, ANO III, N° 31, NOVEMBRO DE 2002.

A FESTA DE MARGARETTE

Renato Falcão é um dos nomes da chamada Retomada do cinema brasileiro dos 90. Aos 37 anos, esse brasileiro que estudou na New York Film Academy e que se radicou nos Estados Unidos, tem feito trabalhos de destaque tanto em fotografia e montagem quanto em direção. Levou o prêmio de melhor fotografia no Festival de Cine Alicante, na Espanha, por *Heart of Gold*, de Guido Jimenez; trabalhou ainda como diretor de fotografia em *American Desi*, filme independente com boa acolhida na imprensa americana. Na direção, Renato Falcão assina os curtas *Presságio* e *Save-me*, e os documentários *Sur-à-Sur*, sobre música brasileira, e *Um ato de amor à vida*, sobre a campanha de prevenção à Aids. Seu primeiro longa é *A festa de Margarette* (uma alusão irônica à *Festa de Babette*, do dinamarquês Gabriel Axel), que teve lançamento mundial em Nova York, durante o Havana Film Festival – New York 2002, no qual foi apresentado como um filme de vanguarda.

De fato, *A festa de Margarette* guarda duas peculiaridades: foi filmado em preto-e-branco e sem diálogos. Falcão reproduz a estética do cinema do início do século XX e agrega ao filme uma trilha musical que intercala música pop de desfiles de moda com clássicos do chorinho. Isso para contar a história de Pedro, um operário meio mambembe, interpretado por Hique Gómez (numa performance marcante), que divide um barraco de uma só peça com outra família e sonha em realizar uma grande festa de aniversário para sua esposa, Margarette. Contudo, a realidade, voraz, acaba por alcançá-lo: Pedro perde o emprego e passa a projetar o sonho de que as coisas poderiam ser diferentes do que são. Esconde a verdade da mulher, dos filhos e da sogra, graças a um crachá de gerente de vendas que encontra na fábrica em que trabalhava. Os acontecimentos em que se vê envolvido, então, oscilam entre a realidade e a fantasia. À maneira de um Chaplin ou de um Fellini, Falcão apresenta uma fábula sobre um homem de sentimentos cândidos que, ao se defrontar com a rudeza da realidade, busca refúgio numa realidade paralela. É inegável que Falcão construiu um personagem modelado em Carlitos e Cabíria. Como esses personagens imortais, Pedro quer apenas ser feliz, ainda que a felicidade não passe de ilusão.

Em *A festa de Margarette*, Falcão se vale enormemente de seus conhecimentos em fotografia cinematográfica e de sua aliança com Hique Gómez, que também reponde pela trilha musical, para criar um filme de rara beleza visual e de forte impacto emocional. As imagens em preto-e-branco, obtidas pelo efeito do *Fast Forward*, os movimentos de câmera e a glorificação de um anti-herói que se expressa por gestos são elementos que ressaltam nessa fábula sobre os infortúnios da felicidade. A ousada proposta de Falcão apóia-se, com isso, no requinte interpretativo e na trilha musical. É pela beleza sugestiva das imagens e pela música que o espectador se mantém atento à trama, sem que haja necessidade de qualquer diálogo para esclarecer o que está acontecendo.

Do modo como é constituído, *A festa de Margarette* é o tipo de filme que deixa no espectador imagens de forte impacto emotivo e nostálgico. Há uma alegria triste, uma constante evocação de um tempo puro, em que a beleza e a ternura eram captadas por lentes generosas, uma vez que o cineasta podia, simplesmente, brincar com a magia proporcionada pelas imagens. É o que generosamente Méliès e E. S. Porter proporcionavam. Mas, bem entendido, com *A festa de Margarette*, Falcão está encarando um grande desafio: apostar em um cinema que se aproxima de suas origens, de um cinema cuja força expressiva está justamente nas sombras móveis, para lembrar do título de um livro do crítico Luiz Nazário. Nesse sentido, apresentar *A festa de Margarette* como um filme de vanguarda é um contra-senso (o silêncio vanguardista e experimental de *O ilusionista*, conccebido no início dos 80 por Jos Stelling, escapa à formula utilizada por Falcão). *A festa de Margarette* é muito mais uma brincadeira terna com elementos nostálgicos do que um experimento vanguardista com a linguagem cinematográfica. O tempo, no filme de Renato Falcão, ficou congelado na magia da primeira década do século passado.

REVISTA DE CINEMA, ANO III, Nº 28, AGOSTO DE 2002.

DEUS É BRASILEIRO

Cacá Diegues e João Ubaldo Ribeiro se encontram em *Deus é brasileiro*, décimo quinto filme do primeiro, egresso das irreverências do Cinema Novo. Do segundo, pôde-se ver em versão cinematográfica *Sargento Getúlio*, de Hermano Penna, um dos grandes filmes do cinema brasileiro dos 80 – vencedor do KiKito no Festival de Gramado de 1983. E, ainda, de João Ubaldo, foram vertidas algumas de suas histórias ao padrão das minisséries globais. É o caso de *O sorriso do lagarto*, que foi ao ar em 1991, com direção de Roberto Talma, e alcançou grande sucesso de público, projetando o nome de João Ubaldo para além das rodas literárias. Assim como Jorge Amado e Dias Gomes, João Ubaldo tornou-se nome familiar à patuléia global. E, aliás, suas histórias foram vertidas com direito aos não tão ignorados deslizes nos sotaques do interior e do litoral (nada como ver que o padrão global confunde o mar e o Sertão quando coloca o Nordeste na tela).

Como se sabe, João Ubaldo é um grande contador de histórias, e uma expectativa inevitável é a de ver como *Deus é brasileiro*, um dos contos do livro *Já podeis da pátria filhos e outras histórias*, foi concebido para ser exibido em linguagem cinematográfica. Cacá Diegues assumiu essa responsabilidade e, como em qualquer versão para cinema de uma obra literária, as comparações não são deixadas para escanteio. No caso de *Deus é brasileiro*, é interessante levar em conta alguns pontos importantes. Não se trata, efetivamente, da *opera magna* do mestre de Itaparica. Ou seja, não cai nas costas de Cacá o peso de uma obra tão seminal quanto orientadora dos rumos da literatura brasileira dos últimos cinqüenta anos. E isso – por que não – alivia a pressão de uma transposição de uma obra de literatura para a linguagem de cinema. Contudo, quando se leva em conta, do mesmo modo, o conjunto da obra de um dos mestres do Cinema Novo, não se pode dizer que *Deus é brasileiro* possa se ombrear com *Ganga Zumba* (1964) ou *Os herdeiros* (1969). Trata-se, efetivamente, de uma obra menor de Cacá Diegues.

No clima do cinema da Retomada, Cacá mostra, com *Deus é brasileiro*, que está, na mesma medida, ativo e antenado com os rumos do cinema aqui nos trópicos. Mas, creio, sua mensagem, seu propósito transgressor e sua irreverência ficaram no passado. Um desapontamento no que Cacá tem a nos contar por meio de imagens é a nota mais saliente para quem passar os olhos por *Deus é brasileiro*. A história debochada e picaresca das férias de Deus pelo Brasil, que quer descansar e procura um santo tupiniquim para ficar em seu lugar, carece de suporte que dê um tom convincente e de cumplicidade à narrativa. Ora, Deus – interpretado por um Antônio Fagundes, cheio de chistes – tem um papel tão evasivo quanto despretensioso (como se o tempo todo fizesse pouco caso de sua missão). Na narrativa literária a brincadeira funciona porque o escracho instiga a imaginação pela descrição do escritor. Mas, quando as imagens mostram um Antônio Fagundes perambulando de modo soberbo e claudicante, fica-se com a sensação de que o escracho se dilui numa pantomima de mau gosto.

Brincar com valores religiosos, como fez Guel Arraes em *O auto da Compadecida* (grande sucesso de público), exige principalmente empatia com certos valores, com certos comportamentos. Em suma: uma cumplicidade entre o que se vê na ficção e o que ocorre na realidade. A cumplicidade que se pode notar na versão cinematográfica da peça de Ariano Suassuna não se observa no empreendimento de Cacá. Deus, em sua procura por um santo – conduzido por um pouco convincente pescador atordoado por dívidas (Wagner Moura) e por uma bela e insinuante nativa (Paloma Duarte) –, de fato não diz a que veio. No Brasil profundo, a presença de Deus presta-se a pequenas intrigas amorosas e a mal-entendidos. Mas, bem entendido, se essa máxima é verdadeira (Deus não realiza sua missão), todos os acontecimentos vividos pelos personagens desse *road movie* perdem o sentido. E isso, no cinema, ganha uma força enorme, na medida em que os atores e a condução da trama não convencem o espectador de que se trata de um escracho para instigar a imaginação, para que ele possa refletir sobre os diversos contrastes do Brasil contemporâneo (iniciativa, aliás, muito bem-sucedida em *By By Brasil*). Caso Cacá tenha tido a intenção de repetir a fórmula, não creio que tenha sido bem-sucedido nessa adaptação do mestre João Ubaldo Ribeiro.

Uma nota final, no entanto, se faz necessária: dos filmes da Retomada, *Deus é brasileiro* é o que melhor capta as belezas desse país abençoado por Deus e bonito por natureza. E, ainda, a trilha musical não deixa dúvida quanto às qualidades da música brasileira. É abrir os olhos para a paisagem e aguçar os ouvidos para o som.

REVISTA DE CINEMA, ANO III, N° 34, FEVEREIRO DE 2003.

AMARELO MANGA

O pernambucano Cláudio Assis tem alguns curtas-metragens na bagagem – *Henrique* (1987), *Soneto do Desmantelo Blue* (1993) e *Texas Hotel* (1999) – pelos quais se tornou conhecido no cenário nacional e angariou prêmios em diversos festivais. Foi ainda diretor de produção de *Baile perfumado* (1997), um dos filmes mais cultuados da Retomada e que deixou marcas indeléveis em *Amarelo manga* (é o que se pode sentir principalmente na trilha musical: o som pulsante do Mangue Beat desponta como contraponto à ação), seu trabalho mais recente, que chega ao circuito depois de destacada trajetória em alguns festivais nacionais e internacionais.

O cinema da Retomada tem dado margem a algumas polêmicas: o debate estética e cosmética da fome, lançado pela crítica Ivana Bentes por ocasião de um debate sobre *Cidade de Deus*, chamou a atenção no ano passado. Mais recentemente, Jean-Claude Bernardet, na edição de fevereiro de 2003 dessa *Revista de Cinema*, chamou a atenção para o excesso de qualidades dos filmes da Retomada entendendo que muitos desse filmes estão mortos, apesar de sua elaboração formal e de suas belezas. Cláudio Assis nos apresenta agora *Amarelo manga*, mais um exemplar de filmes que se prestam a análises como as propostas por Ivana Bentes e Jean Claude. A questão é: o que Cláudio Assis tem a nos dizer com esse *Amarelo manga*, ambientado numa Recife decadente ao som de Otto e de Fred Zero Quatro?

O que chama a atenção inicialmente em *Amarelo manga* é que Cláudio Assis fez uso de um recurso narrativo que tem sido utilizado com freqüência no cinema americano. Apresentar um painel com histórias paralelas que, num primeiro momento, não têm pontos de contato, mas que acabam se encontrando na trama. Esse recurso narrativo foi fartamente utilizado em *Short cuts* e *Magnólia*. Outro ponto que chama a atenção é que todos os acontecimentos estão entrelaçados ao longo de um dia na vida de seus protagonistas. Assim, há a hora do café, do almoço, a janta e o dia seguinte. Esse dia funciona como uma espécie de metáfora da condição humana: no dia seguinte, colocar uma pedra novamente no topo da montanha, mesmo sabendo que é uma tarefa sem sentido e que deverá ser retomada no dia seguinte. Um último aspecto que chama a atenção é o uso constante de *plongées*, os quais, ao mesmo tempo que parecem alertar o espectador de que tudo não se passa de uma encenação – os espaços funcionam como cenários de uma peça teatral –, parecem igualmente indicar que os personagens estão invariavelmente premidos pelo movimento da vida.

Um último aspecto a ser destacado, óbvio, é o amarelo. A cor é um elemento preponderante, que desponta na tela com tanta intensidade quanto a trilha musical. Claro, ainda que não se invoque diretamente, é inegável que se busque uma explicação para a escolha de uma cor para a composição do título do filme. A resposta é dada pela recitação despretensiosa de um poema, que funciona como um elemento-chave para que o espectador possa dar conta dos elementos da trama e do significado simbólico do filme. O amarelo, que nas cores da bandeira nacional simboliza o brilho e a riqueza do ouro em *Terra Brasilis*, é contraposto ao amarelo do embaçamento do dia-a-dia e do envelhecimento das coisas. Amarelo também é a cor de doenças e de excreções das feridas purulentas.

Amarelo manga, então, é concebido para que o espectador possa refletir sobre a banalidade da vida e do mundo numa metrópole periférica na ordem global. Nesse sentido, trata-se de um filme que explora um filão pouco explorado na filmografia da Retomada (vejo como exceção o documentário *Edifício Master*): dramatizar os eventos banais na vida de personagens do cotidiano. Se tomarmos como comparação *Cidade de Deus* ou *Abril despedaçado*, veremos que nesses filmes o drama se reveste de fundo moral e os personagens, por meio de suas ações, procuram significar o mundo e a vida. Tudo isso está bem distante em *Amarelo manga*: não há fábula moral ou sentido para as ações. Não há heróis ou vilões: a vida e o mundo se recompõem, sem sentido, no dia seguinte.

Visto por esse ângulo, Cláudio Assis nos deixa uma película como objeto a ser pensado. Apesar do uso inadequado de palavrões (válido, talvez, como recurso de protesto no cinema "Marginal" dos idos de 70) e de uma composição excessivamente caricatural dos personagens (Matheus Nachtergaele é um homossexual com um interpretação que descamba para o grotesco), creio que, se Ivana Bentes e Jean-Claude estiverem corretos ao apimentarem os debates sobre os filmes da Retomada, eles teriam de olhar com cautela para *Amarelo manga*. Apesar de suas qualidades, de sua elaboração formal, trata-se de uma obra que não nasceu morta.

REVISTA DE CINEMA, ANO IV, N° 40, AGOSTO DE 2003.

CARANDIRU

Dez anos atrás, um acontecimento infausto ganhou manchetes em praticamente todos os jornais do mundo: o massacre de 111 presos no complexo presidiário do Carandiru, em São Paulo. De fato, a palavra massacre foi usada e abusada por autoridades e pelos mais diversos órgãos de imprensa, quando referiam-se ao fato. Na época, houve um grande empurra-empurra entre as autoridades, diretor do presídio, comandante da PM e governador do Estado – na época, Luís Antônio Fleury – para saber de quem partiu a ordem para tentar conter uma suposta rebelião de presos. E, dez anos depois, ainda pairam dúvidas sobre o que realmente teria provocado o motim e a conseqüente invasão do presídio.

Anos depois, o médico-psiquiatra Drauzio Varella publicou um livro, *Estação Carandiru*, no qual descreve o trabalho e os relatos que ouviu na Casa de Detenção antes do fatídico massacre. O livro de Varella tornou-se um *best-seller* e inspirou o filme *Carandiru*, de Hector Babenco, mesmo diretor que, nos final dos anos 70, dirigiu *Pixote*, que trata também do problema da violência entre as camadas pobres no Brasil. *Pixote* é um dos grandes filmes nacionais. Suas imagens ganharam o mundo e tornaram famoso o protagonista, o jovem Fernando Ramos, um menino de rua escolhido para fazer o filme e que, anos depois, teve morte violenta nas mãos da polícia.

Passado o tempo, Babenco volta a tratar do tema da violência no Brasil com seu *Carandiru*. E, é inegável, cria-se em torno do filme toda uma expectativa. Tanto em relação ao que ele fez em *Pixote*, quanto em aproveitar e retrabalhar um velho tema: a violência. E tal expectativa é tanto maior quanto mais se observa que *Carandiru* em poucos dias tornou-se a maior bilheteria dos anos da Retomada do cinema nacional e foi para a palma de ouro em Cannes.

Bem, diante da expectativa, vamos ao filme. Babenco se apóia em alguns relatos do livro de Varella para traçar o perfil psicológico e moral de alguns detentos do Pavilhão 9, palco do massacre. Assim, caminham entre as galerias do pavilhão histórias de velhos detentos, traficantes que disputam o poder, jovens que estão presos por pequenos crimes, assaltantes de bancos e outos que cometeram crimes passionais, gays e simplesmente viciados em drogas pesadas. Cada "tipo" relata sua história, contada paralelamente à trama principal.

Os relatos mostram personagens que, por motivos fúteis ou por acidentes da vida, caminharam pela estrada do mal e acabaram presos no

Pavilhão 9. Há nesses relatos um quê de inevitabilidade do destino, que condena alguns, antes de qualquer crime propriamente, a seguir algo como uma vida doida. São relatos que, indiscutivelmente, humanizam os presos. Suas vidas são retratadas dentro de um cotidiano normal. O cotidiano de qualquer pessoa que vive numa grande metrópole moderna. Nenhum dos personagens é, propriamente, um expoente do crime quando estava fora da cadeia.

Carandiru mostra ainda, de relance, as relações promíscuas que se estabelecem entre presos e autoridades. Assim, certos episódios são tratados como se fossem parte do jogo. As autoridades sabem que drogas e disputas rolam na cadeia, mas fazem vistas grossas e apostam que, apesar da situação explosiva, há canais de comunicação que contornam situações tensas.

Não se pode dizer que *Carandiru* não seja um filme forte. E, dependendo do estômgo, não é recomendado para quem é sensível. Também não se pode negar que, apesar de ter mais de duas horas de duração, mantém o espectador o tempo todo ligado no que se passa. Não é um filme sonolento. O tempo todo, fortes cenas de violência despertam a atenção da platéia. Ah! Não se trata também de um filme exclusivamente violento. Há muitas cenas de humor e algumas são verdadeiramente cômicas.

Se *Carandiru* é um filme que desperta a atenção do público para o problema carcerário no Brasil – e, diga-se de passagem, que continua o mesmo desde o massacre – merece, por isso, ser visto e refletido. Mas entendo, não se pode negar que o viés adotado por Babenco para contar o infortúnio dos presos do Pavilhão 9 tem problemas de ordem moral. E vou destacar dois problemas que compromentem bastante o resultado final.

Primeiro: Babenco parece não notar que há uma desproporção incrível entre a humanização dos presos e a desumanização dos policiais. Os policiais entram nas celas, atiram e matam sem qualquer justificativa, apenas movidos pelo prazer de matar. Já os presos cometeram seus crimes por motivos que, diante da narrativa, até podem ser considerados justos. Numa sociedade desigual, é quase natural que uns não tenham outra saída senão entrar para o crime. Ora, o problema é: não há policiais tão humanos quanto os criminosos que estão numa cela? Não creio que fique outra impressão no expectador.

Segundo: Babenco parece não notar que seu filme deixa a impressão de que a ação arbitrária dos policiais foi a causa do massacre. Os policiais entram nas celas, atiram e matam sem que tenham recebido uma ordem superior para isso. O problema é bastante complicado, pois o filme passa a impressão de ter tirado o corpo fora, se se considerar a responsabilidade do diretor do presídio, do comandante da PM ou do próprio governador. Ora, o problema é: as autoridades não têm controle sobre as ações de subordinados? Não creio que fique outra impressão no expectador.

Essas duas questões morais foram ressaltadas com o seguinte objetivo: o posicionamento do diretor é proposital ou ele foi ingênuo? Se foi proposital, há um desdobramento moral sério: no Brasil, uma tragédia de grandes proporções pode ocorrer a qualquer momento e os culpados de sempre são os mais fracos (no caso, os policiais). Se foi ingênuo, só se pode dizer que, antes de relatar uma tragédia social, *Carandiru* é um embuste: brinca com coisa séria e não se expõe. Entendo que o posicionamento do diretor é ambivalente: oscila entre a intenção e a ingenuidade. Por isso, ao contrário de *Pixote*, é um filme que mais confunde do que esclarece um acontecimento tão infausto.

REVISTA DOS ALUNOS DE JORNALISMO DA *UNIVERSIDADE SÃO JUDAS TADEU – USJT*,
AGOSTO DE 2003.

CRÔNICAS filmes do crepúsculo do XX e da aurora do XXI

MATRIX

No princípio era uma boa idéia. Cercada de efeitos, a boa idéia foi ficando para segundo plano. É assim que Luiz Zanin Oricchio (jornal *O Estado de S. Paulo*) inicia sua crítica sobre *Matrix*. A boa idéia a qual se refere o crítico do Estadão é a de que Neo/Keanu Reeves (personagem principal do filme) descobre viver num sonho (ou num *software*, ou numa realidade virtual, e que, na realidade, os homens foram derrotados por uma geração de robôs e servem de alimento para esses robôs). Talvez seja o caso lembrar que essa boa idéia veio da filosofia (o famoso segundo grau da dúvida – o argumento do sonho – nas *Meditações* de Descartes), ou da literatura ("O homem, um dia, emergiu do sono como de um deserto viscoso, olhou a luz vã da tarde que, à primeira vista, confundiu com a aurora e compreendeu que não sonhara", nas *Ruínas circulares* de Borges), ou, ainda, do próprio cinema (em *O vingador do futuro* também está presente a boa idéia de que num futuro será possível vivermos em duas realidades). Tamanha a quantidade de alusões e de referências que não acredito haver uma única idéia em *Matrix* que não esteja presente em outro lugar.

A boa idéia poderia também ser o já clássico argumento da máquina suplantando o homem (é o que diz Marcos Augusto Gonçalves, no jornal *Folha de S. Paulo*). No caso, a máquina mental, a inteligência artificial, que Hal consagrou na odisséia de Kubrick. Ou a boa idéia poderia ser a de que os números sirvam de imagem alegórica para as pessoas, transformadas em cifras ambulantes.

Por isso, não creio que se trate de uma boa idéia que se dilui num coquetel pop. Esse é apenas um lugar-comum sobre *Matrix*. Mas há outros; falar sobre *Matrix* é trazer à tona um certo clima pessimista sobre o futuro (*Matrix* estaria na mesma trilha que *Metropolis*, *Alphaville*, *Blade Runner*...); *Matrix* é um *blockbuster cyberpunk* que mistura ficção científica de ponta, religião, kung-fu e outras referências. Além desses lugares-comuns – já que *Matrix* traz também um mundo pós-apocalíptico – eu acrescento aqui um outro, por meio de uma palavrinha: *Matrix* é uma espécie de *bricolage* (um pastiche no qual as diversas partes têm funções diferentes das que tinha originalmente) na medida em que junta pedaços daqui e dali, de modo que, por exemplo, os cenários noturnos de *Matrix* saíram de *Blade Runner*; mas, os cenários de *Blade Runner* estão a serviço de uma estética *noir*; já os mesmos cenários em *Matrix* revelam uma estética *hard-boiled* – não à toa os personagens dão socos que derrubam colunas. Outros pedaços poderiam ser arrolados: as cenas que mostram lutas de kung-fu foram tiradas dos filmes de Bruce Lee.

Por se tratar de *bricolage*, posso dizer que uma boa idéia inicial é aquela que se refere ao Apocalipse: no filme, os sobreviventes da guerra, livres dos robôs, vão viver em Zion, numa referência "bíblica" ao lugar para onde vão as almas sobreviventes do Apocalipse.

Matrix é um filme do qual não falta motivo para falar sobre essa ou aquela alusão; sobre suas "qualidades" ou "defeitos"; sobre Apocalipse, "*bug* do milênio*", violência urbana e tantos outros assuntos que estão na pauta do redator-chefe. Assim, não deve ser surpresa que o filme dos irmãos Wachwoski esteja na mesma linha que *Assassinos por natureza* ou *Crash*. Há duas razões para estabelecer essa ligação: são filmes deliberadamente exagerados; são filmes, cada um a seu modo, com grande potencial de influenciar condutas (no caso de *Matrix,* esse potencial pode ter se materializado na ação de dois jovens que, vestidos como o herói do filme, provocou um massacre na pequena cidade de Littleton, Colorado).

O que há de curioso é que filmes tão exagerados (*Matrix* está num limite que o torna quase um HQ filmado) possam espelhar a realidade, ou, do contrário, afetá-la. (É como se houvesse uma relação perversa: quanto mais próximo se estiver do caminho que leva à ilusão, mais próximo se estará da descoberta de que esse é o mesmo caminho que leva à realidade – a realidade está no quadro impressionista, e não na fotografia). Esse jogo entre realidade e irrealidade (realidade virtual, simulacro...) faz que pensemos em duas chaves interessantes para falar sobre *Matrix*: uma está na seqüência em que Neo esconde os discos com drogas digitais no livro *Simulacros e simulações*, de Jean Baudrillard (ou seja, o livro de Baudrillard é, sintomaticamente, falso); a outra está na seqüência em que Neo recebe ordem de seguir o coelho branco, numa alusão a *Alice no País das Maravilhas*, de Lewis Carrol.

Talvez o ponto forte de *Matrix* não esteja na narrativa (numa boa idéia), nem nos efeitos especiais (muitos filmes estão aí para lhe fazer, frente; estou lembrando de *Star wars*, do George Lucas, que, por sinal, está dando o que falar nos Estados Unidos); mas sim em excitar nossa imaginação: se *Matrix* permanecer é porque, de algum modo, transpira o ar de uma época, uma época em que (em muitos pontos do mundo do consumo) a realidade se confunde com a virtualidade, o simulacro com a simulação.

Que tal falarmos em *Matrix* tendo ao lado a valorização surpreendente das empresas que atuam na Internet, criando um universo paralelo que dá a "impressão" (impressão, sintomaticamente, entre aspas) de que dinheiro nasce em árvores? Que tal falarmos em *Matrix* tendo ao lado as novas tecnologias, a indústria do entretenimento e as mudanças na estrutura familiar? Não é interessante notar que esses ingredientes combinam-se para isolar os adultos dos *teens* e disso resulta que os *teens* vivem numa realidade virtual, praticamente sem adultos?

A psicóloga clínica Marlene Mayhew constatou que só nos Estados Unidos há 11 milhões de adolescentes *on-line* e boa parte da vida deles se desenrola num cenário em que os adultos não entram (e não é sintomático que o computador seja instalado em seus quartos). Que tal falarmos em *Matrix* tendo ao lado as canções de Eminem e Marilyn Manson (Neo metralha seus inimigos ao som de Manson)? Ou, ainda, tendo ao lado a violência em jogos de computador como Doom e Quake (os meninos assassinos de Littleton eram fanáticos jogadores de Doom)? Como primeiro jogo tridimensional disponível numa rede de computador, o Doom acabou dando origem a uma cultura de jogadores *hard-core*; o que faz desses jogos algo diferente de tudo que se vê de violento na mídia é o fato de o jogador estar realmente na história. Não se trata de ver Neo disparando suas armas e destroçando adversários, mas de efetivamente puxar o gatilho. Se o realismo desses jogos é impressionante, fica a pergunta: como separar a "realidade" da "virtualidade"?

Assistir a um filme como *Matrix* e deixar de lado esses temas que também estão na pauta do redator-chefe (o qual, como bom vendedor, já incluiu *Matrix* no jornal de amanhã) é assisti-lo com óculos desfocados. Ocorre que *Matrix* é menos um filme ao qual se possa atribuir uma etiqueta de valor estético e mais um fenômeno, um acontecimento. Como fenômeno, não dá para ficar fazendo previsão e falar de sua sobrevivência (é a isso que se refere quando se pensa em um filme com "qualidades estéticas"). *Tron* é contemporâneo de *Blade Runner*; poucos hoje se lembram do primeiro, mas não há como negar que o segundo seja uma referência para se falar sobre ficção científica ou sobre um certo quê sombrio nas cidades contemporâneas.

A permanência de filmes como *Blade Runner* não está necessariamente em suas eventuais "qualidades estéticas" (se está diante de uma boa idéia; aliás, no Brasil, quem acredita em cinema puro?), mas em outro lugar: em que medida, por exemplo, talvez seja interessante ver como em *Metropolis* se transpira num certo clima pesado da época e que, de certa forma, acaba antecipando o que veio a seguir. É possível que o mesmo possa ser dito de *Blade Runner*: há um clima sombrio, indiferente, lúgubre, que hoje podemos notar quando andamos numa grande cidade como São Paulo à noite (basta olhar as luzes dos carros nos megaengarrafamentos, os gigantescos anúncios publicitários nas paredes laterais dos edifícios, telas colossais com imagens em movimento informando a temperatura e exibindo produtos para consumo...).

Parte da crítica parece esperar algo que, sinceramente, creio estar longe dos propósitos de filmes como *Matrix*. Outro lado da questão, bem entendido, é perguntar se numa indústria que produz dezenas de filmes como *Matrix* seja possível estabelecer imediatamente que este ou aquele é uma obra-prima com qualidades tais e tais. É possível que alguns filmes permaneçam; é possível que *Matrix* (como *Tron*) seja esquecido, mas isso é outra história.

WWW.LOQUENS.CJP.NET, MAIO DE 1999.

DE OLHOS BEM FECHADOS

Uma suposta normalidade na vida do casal Harford foi quebrada. Mas que normalidade? À primeira vista, trata-se da normalidade sexual (um belo casal – o bem-sucedido doutor Bill Harford e sua esposa Alice – e a filha, Helene, formam a família que foi forjada para dar certo e servir como exemplo de ideal do sonho americano, até que, numa conversa descontraída, Alice revela que teria sido capaz de largar tudo para passar uma única noite de amor com um desconhecido). No entanto, a tal conversa descontraída fora antecipada por um baseado para relaxar. Está aí uma boa senha para pensar em que normalidade foi quebrada.

Além do baseado, nessa mesma cena se pode colher outra dica: Alice aparece vestindo um conjunto de camiseta e calcinha *Hanro*, o que, no primeiro mundo, a identifica como uma mulher de elite. Bem entendido, *De olhos bem fechados* é um filme no qual o casal Harford se envolve num jogo de ciúme, obsessão e sexo (após tomar conhecimento da confissão que Alice lhe fez, Bill, atormentado, se envolve numa sequência de situações que, embora não sejam deliberadamente procuradas por ele, acabam funcionando como motivo para aplacar suas eventuais frustrações sexuais). Tudo bem, mas o principal desse jogo é o consumo.

Daí ser interessante notar que *De olhos bem fechados* possa ser catalogado como um filme *dark* (quase todas as cenas são noturnas). Explico: não poderia ser de outra forma, pois há algo que é conveniente manter-se na penumbra, isto é, o dinheiro, que redime a culpa e é a chave para a felicidade no mundo capitalista. Então, boa parte do que se refere ao filme gira em torno desse elemento, dessa peça sagrada. De modo que, dada a publicidade que o envolve, é possível que quem quer que compre um ingresso para assistir ao filme saiba que a ação se passa em Nova York, no período de festas natalinas. Creio, por isso, que não é demais repetir: a ação se passa em Nova York, no período de festas natalinas.

Assim, embora seja uma adaptação de uma novela de Arthur Schnitzler (*Traumnovelle*), Stanley Kubrick traz a ação da Viena do início do século para a Nova York contemporânea. Não é o caso considerar o lugar-comum de quem diz que "o livro é melhor que o filme" (eu não sei quantos exemplares foram vendidos na primeira edição da novela de Schnitzler; assim como não sei como foi feita a sua publicidade). O filme segue o livro, mas creio não haver dúvida de que Nova York não é a Viena do final do império Habsburgo, e as festas natalinas (motivo para compras *par excelence*) não fazem parte da vida do casal judeu protagonista do livro. Há um tema base na novela de Schnitzler: a mistura entre os mundos da realidade e da fantasia. O pano de fundo é a corrosão da certeza. É nesse mundo, na Viena *fin de siècle*, que nasce a psicanálise. Nas terras embrutecidas do novo mundo, como afirmou Freud, quando de sua visita aos Estados Unidos, essa mistura é mediada antes pelo dinheiro. Algo parecido com psicanálise é feito nas compras; o divã é um carrinho em um supermercado.

Daí que há uma diferença abissal entre livro e filme: ambos tratam de coisas radicalmente diferentes (da mesma forma que o *Quixote*, de Cervantes, que é radicalmente diferente do *Quixote* de Pierre Menard, como nos avisa J. L. Borges); a não ser que levemos em conta que é possível dividir pão por faca, numa alusão a pergunta que a rainha branca fez para Alice, no País das maravilhas. Então, a máxima do filme de Kubrick é: *argentum imperatrix mundi*. Tudo gira em torno desse elemento. O registro é por demais claro: o mundo do consumo, ou a sociedade do espetáculo, como mostra Guy Debord.

Qualquer encanação motivada por algo meio cristão, como o sentimento de culpa, é comprada (as *personas* se confundem com mercadorias: Alice é a propriedade que pode ter sido possuída por outro; Bill é propriedade de Victor Ziegler, o magnata, e seu lugar na ordem é limpar a sujeira deixada pelos ricos, após suas orgias). É o que se pode ver, desde a oferta implícita de pedofilia (o dono da loja de fantasias parece vender o corpo da filha menor de idade, numa espécie de alusão macabra a *Lolita*), passando pelo aluguel de roupas e máscara na mesma loja de fantasias, o pagamento e o presente para Domino, a prostituta, a compra de jornal até a cena final, quando a boneca Barbie modela o desejo de Helene.

Com relação a esse ponto, aliás, há uma cena emblemática: é aquela em que Bill rasga uma nota de dólar na frente de um taxista. Essa cena é emblemática porque o taxista o leva para uma mansão isolada, onde uma legião de mascarados está reunida para encenar rituais lúbricos. Ocorre que Bill, como Teseu, usa um estratagema: para garantir o caminho de volta com segurança, ele rasga metade de uma nota de dólar, fica com uma metade e deixa a outra com o taxista; ora, Bill sabe que assim o taxista vai esperá-lo (dez minutos, uma hora, duas horas...), para receber a outra parte da nota. O fio de Ariadne, no filme, é a nota de dólar.

Não é o caso de falar em reconciliação do casal. A cena final é suficientemente clara (cena, aliás, que lembra a face infantil da insaciabilidade contemporânea): "Vamos dar uma trepada", diz Alice ao marido, após a suposta volta à normalidade. Seria o caso de pensar que, para o casal

Harford, a ordem se refaz na loja de departamentos. Mas, qual ordem? Aí eu respondo: a ordem que nunca esteve ausente: a ordem do consumo.

Não há nada de novo no último Kubrick (em *Laranja mecânica* Alex se rende ao mundo do consumo: apesar da violência, a ordem se mantém). Os que vão assisti-lo seguem um *script*: leram os cadernos culturais dos jornais, nos quais foi feita uma boa publicidade, nos quais se ressalta que o filme foi assinado por um gênio do cinema; e, ainda, consomem algumas tiradas pretensamente psicologizantes ou historicizantes (dos críticos de plantão) para entender o comportamento das *personas* ou um certo sentimento *fin de siècle*, ou ainda para entender essa ou aquela "charada" incrustada no enredo, no cenário (os quadros na parede do apartamento dos Harford foram pintados pela senhora Kubrick, a Nova York do filme foi reproduzida milimetricamente em Londres), nas luzes etc.

David Cronemberg disse em entrevista ao jornal *Village Voice* que *De olhos bem fechados* não estava pronto quando Kubrick morreu. Alguns diálogos finais poderiam ser modificados. Pois bem, isso é mais um prato para consumo da mídia e da sociedade de espetáculo; assim como as supostas relações tensas entre Kubrick e o roteirista do filme, Frederic Raphael. *De olhos bem fechados*, assim como a matéria do filme, o diretor que o assina, a crítica, o público, a cidade de Nova York, é *fake* (como o mundo do consumo). Imagina se alguém, depois de assistir ao filme, volta para casa com a inquietação: alguém habita a imaginação do meu parceiro enquanto trepamos? Se essa dúvida não perpassa, o resto é sombra e luz (isto é cinema); e o ingresso para assistir, de olhos bem fechados.

WWW.LOQUENS.CJP.NET, SETEMBRO DE 1999.

TUDO SOBRE MINHA MÃE

Para um público menos exigente, alguns filmes perdem a graça se a "história" (a trama) for "contada" antes (de resto, acho curioso esperar que tal história guarde muitas semelhanças com imagens projetadas na tela). É como se o filme (o enredo) se fizesse pela surpresa: uma das "artes" do cinema estaria em provocar o surpreendente, o inesperado, o impacto naqueles que compram ingresso e esperam a projeção de imagens (o enredo) na tela.

Alguns filmes, talvez, percam a graça se a trama for contada antes. Estou pensando nas tramas de M. *Butterfly* e de *Traídos pelo desejo*. Será que o impacto no público será o mesmo se ele soubesse que, no primeiro, um diplomata francês na China pré-Revolução Cultural, René Gallimard, após a apresentação da ópera M. *Butterfly,* apaixona-se perdidamente pela cantora da ópera, Song Liling, tem um caso de amor com ela e, no final, lhe é revelado que a cantora na verdade é um homem? E que, no segundo, o sentimental Fergus, guerrilheiro do IRA, vai ao encontro de Lil, amante de um soldado inglês seqüestrado pelas forças do IRA que morre atropelado na tentativa de fuga; fascinado pela beleza e mistério que envolvem Lil, Fergus fica desconcertado ao saber que Lil é um travesti? Ou, ainda, estou pensando em "clássicos" como *Um corpo que cai* e *Psicose.* Creio que seria chato saber que Kim Novak (que interpreta Madeleine Elster e Judy Barton) morre duas vezes em *Um corpo que cai*; ou que Normam Bates, o psicopata assassino em *Psicose*, é ele próprio e o que supostamente seria a voz de sua mãe morta.

Se para alguns filmes o surpreendente, o impactante na trama é sua própria razão de ser, "contar" alguma coisa sobre o mais recente Almodóvar (*Tudo sobre minha mãe*), talvez, decepcione aqueles que esperam que a trama se revele exclusivamente na projeção. De modo que o filme perderia a graça se alguém escrevesse algumas linhas descrevendo a trama (o filme). Bem, o filme (a trama) perderia, digamos assim, a autenticidade (uma das "artes" do cinema, ou talvez do jogo, não está no que é projetado, mas na propaganda – na indústria cinematográfica como fenômeno de marketing – que esconde isso ou aquilo para incitar uma parte do público a comprar o ingresso para ver o que foi escondido num texto de propaganda).

Ocorre que, para começar um papo sobre a arte da autenticidade, é bom que se diga que não vejo como uma história (a trama) contada por escrito guarde tanta semelhança com as imagens. (Belas páginas em *As palavras e as coisas*, de Foucault, foram escritas para mostrar como a semelhança que sedimenta uma época não é a mesma que sedimentará outra.) Mesmo que alguém "conte" o que se passa num "filme" tintim por tintim, sempre é possível encontrar outro que vá notar ou destacar algo que o contador não viu: *Tudo sobre minha mãe* se constrói com base em um jogo de remissões, que vão desde as referências políticas – Manuela, a mãe do título, é argentina e lembra numa cena da prisão de Jorge Videla – até aquelas que se referem ao próprio cinema de Almodóvar, pois a Manuela foi retirada de outro filme de Almodóvar: *A flor do meu segredo*; ou ainda ao própria título do filme, cuja referência é *Tudo sobre Eva* (*A malvada*), de Mankiewicz. Essas remissões são chaves para se entender uma linhagem na filmografia de Almodóvar; e, concomitantemente, para se entender a própria trama de *Tudo sobre minha mãe*; algumas cenas de *Tudo sobre Eva* foram plantadas em *Tudo sobre minha mãe*; se a "história" for simplesmente contada, talvez essa remissão não seja digna de nota. Para um espectador mais exigente, no entanto, ela pode provocar um bom papo sobre as relações entre *Tudo sobre Eva*, *Tudo sobre minha mãe* e *De salto alto*, por exemplo.

Além disso, o mais recente Almodóvar surpreende justamente porque "conta" uma "história" surpreendente como se fosse uma coisa prosaica. Não é novidade que a filmografia de Almodóvar é deliberadamente *kitsch* (ou postiça, como queiram); *Tudo sobre minha mãe* não escapa do rótulo, mas não é isso que importa, pois o interessante é a maneira de contar, que torna plausível (autênticas) algumas das mais improváveis situações. Quer dizer, no caso de *Tudo sobre minha mãe* a surpresa está menos na trama e mais na sutileza e razoável coloquialidade com que os fatos aparecem na tela diante do público.

Talvez não seja a coisa mais coloquial ou prosaica alguém ficar sabendo que o filme "conta" a "história" de um rapaz que vive com a mãe (Manuela), deseja ser escritor e tem fixação por uma atriz de teatro (Huma Roja). Na noite de seu aniversário, o rapaz e a mãe vão assistir à peça *Um bonde chamado desejo*, na qual Huma Roja interpreta Blanche Dubois. Após o término da peça, quando Huma Roja está em um táxi, o rapaz tenta conseguir um autógrafo da diva, mas ela se esquiva e manda o taxista acelerar. O rapaz corre desesperado em perseguição ao táxi, é atropelado e morre. Morto o rapaz, Manuela parte numa viagem em busca do pai. Surpresa: ele é um travesti. A surpresa não pára por aí: ele é amante de uma freira, está com Aids, passou o vírus para a freira e a engravidou. Mais surpresa? Sim; mas essa é sutil: Lola, o travesti que é pai do rapaz morto, revela na cena em que reencontra Manuela que gostaria de ter tido um filho, sem saber, portanto, que é pai do rapaz morto;

ao receber a dupla notícia (que teve um filho e que este morreu), se comporta como um pai convencional: chora e sente remorso por não ter lhe dado a devida atenção. Eu poderia parar por aqui, mas é bom que se diga que *Tudo sobre minha mãe* leva à exaustão o *nonsense*. É o que se pode ver, por exemplo, na cena em que a mãe de Rosa (a freira grávida e aidética) diz que a filha sempre foi uma extraterrestre.

O autêntico e o *nonsense* se confundem no confronto de gêneros e de dissimulações em *Tudo sobre minha mãe*. É o que se pode ver numa cena emblemática, em que Agrado (um travesti que conhece Manuela há anos) sobe num palco para "contar" a sua vida. O que ele faz? Ele simplesmente diz que é todo autêntico: seu corpo é silicone. Ele diz que vai dizer aquilo que não diz; mas, ao mostrar que é artifício, diz o que supostamente não teria dito: ele acaba por "contar" a sua vida.

Nada disso é prosaico. No entanto, Almodóvar "conta" essa "história" de modo que o espectador mais exigente vá, aos poucos, percebendo os fios que ligam a trama (não se trata, portanto, daquele que não vê graça se a "história" for contada antes). E que não é ela (a trama) que importa, e sim a maneira como é tecida: tudo se passa como se o *nonsense* fosse a outra face do autêntico no mundo em que vivemos: para tanto, basta pensarmos que poderíamos estar em situação semelhante à dos personagens do filme (do rapaz que quer conhecer o pai seja ele o que for; da atriz – Huma Roja – que diz que ao contrário do cigarro a fama é chata porque não tem cheiro; ou da mãe de Rosa, que tenta manter as aparências sem saber para quê).

Goya, espanhol como Almodóvar, pintou o grotesco nos rostos humanos. Neste século, na literatura, Proust descreveu à exaustão nossas perversões e supostas anomalias. *Tudo sobre minha mãe* se inscreve no amplo painel das obras de Almodóvar que retratam o grotesco, o *nonsense*. Ainda que o público possa rir em algumas cenas, talvez esse riso revele menos uma compreensão daquilo que se vê e mais uma confusão na passagem do grotesco para o dramático; explico: numa certa ingenuidade quanto à compreensão dos códigos ou das referências do mundo em que vivemos. Rir, nas cenas que supostamente exigiriam riso, é se comportar autenticamente de forma absurda (*nonsense*).

Se o mais recente Almodóvar provoca um bom papo sobre a arte da autenticidade; se nos incita a pensarmos sobre os códigos ou as referências do mundo em que vivemos, se a trama é menos importante do que a forma como é tecida; então *Tudo sobre minha mãe* é, aos meus olhos, mais surpreendente, impactante, do que alguns filmes recentes que pretendem causar impacto no público (*Felicidade, A bruxa de Blair* e *O sexto sentido* são bons exemplos). E se é isso que ocorre, ainda, *Tudo sobre minha mãe* é um filme que merece ser visto, principalmente porque incomoda na sua maneira surpreendente de exibir a autenticidade e o *nonsense* como faces opostas da mesma moeda e por incitar um público mais exigente a falar sobre coisas que, conquanto sejam grotescas, estão em nós mesmos ou na esquina mais próxima.

E se isto que está escrito é certo, é preciso ver *Tudo sobre minha mãe* com atenção: Almodóvar, com esse filme, pode estar querendo rir do riso daquele que ri do absurdo (do *nonsense*). *Tudo sobre minha mãe* não é comédia; é melodrama.

WWW.LOQUENS.CJP.NET, NOVEMBRO DE 1999.

BELEZA AMERICANA

As críticas elogiosas ("Uma obra-prima, certamente o melhor filme do ano. Um dos filmes mais artísticos, honestos e de tirar o fôlego que já vi. Pouquíssimos filmes são inesquecíveis. Este é um deles." É assim que Rod Dreher, crítico de *The New York Post*, se refere a *Beleza americana*) e a caixa registradora de Hollywood (saiu na revista *Set* que internautas consagraram o filme como o segundo melhor da história do cinema) se encontram em *Beleza americana*, primeiro filme do inglês Sam Mendes, em que a estrutura narrativa alterna momentos de sarcasmo e de melancolia. *Beleza americana* – referência a um tipo de rosa, cultivada nos Estados Unidos, que não tem espinho nem perfume – mostra o arquétipo de famílias disfuncionais e de pessoas narcisistas e calculistas. De um lado está a família Burham: o pai (Kevin Spacey) é o tipo que pede demissão do emprego sem maiores delongas, volta a fumar maconha e a ouvir Pink Floyd e começa a malhar (seu objetivo, com isso, e chutar para o alto o tédio do cotidiano e transar com a melhor amiga da filha, uma ninfeta narcisista interpretada por Mena Suvary); a mãe (Annette Benning) é a corretora de imóveis carreirista e insatisfeita que protagoniza uma cena de sexo grotesca com o melhor corretor de imóveis da cidade, o personagem vivido por Peter Gallagher (uma espécie de conquistador que perdeu de vista a passagem do tempo e faz força para mostrar uma imagem de sucesso); a filha (Thora Birch) é a rebelde meio feinha que sente vergonha dos pais e, embora resistisse no início, acaba namorando o filho do vizinho (Wes Bentley), um tipo lunático que vive filmando a vizinhança da janela de seu quarto e traficando maconha. De outro lado está família Fitts: o pai (Chris Cooper) é um militar repressivo que coleciona armas e cujo maior medo é ter um filho gay; a mãe (Allison Janny) é uma figura tão apática (balbucia algumas palavras desconexas ao longo do filme) que deixa dúvida quanto a sua sanidade mental; e o filho, o tal lunático. Poder-se-ia acrescentar, ainda, a rápida passagem de um casal gay.

Esse é o esquema geral no qual se movem os personagens em *Beleza americana*. Um filme cheio de referências a outros filmes (pode-se dizer que a dinâmica narrativa foi tirada de *Crepúsculos dos deuses*, que o adolescente bisbilhoteiro com a câmara traz à memória *Janela indiscreta*, que a paixão de um homem de meia-idade por uma ninfeta faz alusão a *Lolita*, que o roteiro segue os traços de *Movidos pelo ódio*, que o tédio expresso nos rostos de alguns personagens guarda semelhanças com alguns episódios de *Short cuts*) e que se coloca ao lado de alguns filmes recentes que abordam o tema do enfado e do vazio no qual famílias médias vivem na América. É o que ocorre em *Denise está chamando*, em que jovens executivos com seus computadores e celulares trabalham por conta própria enlouquecidamente em suas casas, enquanto tentam simultaneamente relacionar-se afetivamente pelo telefone ou por e-mails; em *A outra história americana*, em que as relações familiares tumultuadas acabam levando um jovem a tornar-se membro de uma organização branca de cunho racista; e em *Felicidade*, no qual o pai dopa a família dele para estrupar o amiguinho do filho e a mãe, frígida, mata o porteiro e guarda o pênis dele no congelador.

Num primeiro momento, *Beleza americana* aproximaria as pessoas da bilheteria por se tratar de um filme que critica o *American way of life* e fazer um retrato cruel da (e não de uma) família média americana; enfim, porque mostraria que a felicidade não está na satisfação pelo desfrute de bens materiais, no consumo nos filmes de Frank Capra (*A felicidade não se compra*) ou nos de Willian Wyler (*Os melhores anos de nossas vidas*). É algo como um autoflagelo, a maneira pela qual a família média americana gosta de se ver retratada (de Henry James a Phil Roth, é possível erguer uma pilha considerável de livros sobre o tema, para ficar na literatura); é uma prestação de contas – a si mesma e ao mundo – do desconforto pela felicidade que desfruta.

Então, o que resta, talvez, é, nesse sentido, deixar de lado a expectativa de que se está na bilheteria para comprar ingresso e ver algo novo, corrosivo ou coisas similares. Como os filmes de Capra e os de Wyler, o filme de Sam Mendes mostra que é chato e entendiante ser feliz: a felicidade, ou, talvez, o bem-estar, incomoda. Kevin Spacey é um homem comum que, ao contrário do que se poderia pensar, não está disposto a ser feliz a qualquer custo. Como os personagens de Capra ou de Wyler, ele busca simplesmente se ajustar a uma situação diversa da que vive (não que essa outra situação lhe traga uma suposta felicidade; é que é outra situação e isso basta: mudar é um rito de fuga da boçalidade, mas como se pode ver no filme, aos olhos do próprio Kevin Sacey, sua mudança não o leva a uma situação menos boçal que a se encontrava: na hora H, ele não transa com a ninfeta de seus sonhos).

E como isso é mostrado em *Beleza americana*? Por meio da alternância entre seqüências sarcásticas e melancólicas. Elementos como sarcasmo e melancolia permitem destacar o que pode agradar ou desagradar no filme de Sam Mendes. O sarcasmo fica por conta das cenas de histrionice protagonizadas por Annette Benning como naquela em que ela procura desesperadamente vender um imóvel, mas a expressão dos potenciais compradores revela um quê de incompreensão e de alheamento; ou nas cenas em que Kevin Spacey faz musculação, pratica Cooper, fica brincando com um carrinho de criança. O que há de sarcástico é que são momentos em que se pode olhar para o patético, que se traduz na fuga de uma realidade por meio de subterfúgios como a malhação ou a superficialidade na manutenção das aparências (jantar com uma musiquinha *rétro* ao fundo é o máximo ao qual a família Burham é exposta ao patético).

A melancolia dá o tom nas cenas em que os personagens procuram no passado ou em situações aparentemente insignificantes algum sentido "mais profundo" para as vidas que levam. Nesse sentido, há duas cenas emblemáticas: aquela em que Wes Bentley mostra para a namorada o que considera a melhor coisa que ele filmou: um saco de plástico branco rodopiando com o vento, numa evocação inegável ao Rosebud, de *Cidadão Kane*; e aquela em que Kevin Spacey olha para um álbum de fotografias e tenta localizar o momento de beleza que o produziu, mas nota que não é possível recompô-lo com fragmentos do passado.

Isso torna *Beleza americana* simultaneamente evocativo de uma espécie de beleza, de pureza e de infância perdida. É como se tivesse havido um tempo em que se vivia no melhor dos mundos, mas esse mundo evocativo foi corrompido pelo tempo, pelas intempéries da vida. Bem, a linha narrativa de *Beleza americana* se apóia no contraste entre cenas sarcásticas e melancólicas; é nele que se pode apontar o que agrada ou desagrada. Esse contraste torna o filme *light*, *cool*; isso pode agradar a quem vai ao cinema assistir a um filme pretensamente adulto e que não seja *hard*. Não há, na trama, cenas chocantes, cenas repulsivas (em oposição aos mencionados *A outra história americana* e *Felicidade*). Todo o filme é modelado pelo comedimento, pela sutileza; é equilibrado até o ponto em que não cause desconforto ou mal-estar. Sarcasmo e melancolia são dosados, como um cálculo que possibilita pensar que *Beleza americana* não foi feito para chocar. Há uma espécie de leveza, superficialidade, como se nos créditos do filme estivesse impresso que ele se recusa deliberadamente a ser "mais radical" (o ridículo ao qual os personagens estão envolvidos é apenas malicioso e o tom melancólico é quebrado pelo ritmo da narrativa).

Então, se alguém vai ao cinema para assistir a um filme que dose homeopaticamente sarcasmo e melancolia, estará diante de algo feito sob medida – em *Beleza americana* tudo é profundamente superficial. A feição *cool* de implacável da família média americana. Ocorre que *Beleza americana* não tira a maquiagem da família média americana; trata-se, simplesmente, de um filme *cool* e vendê-lo como uma crítica ao *American way of life* – de que se está diante de algo que vira do avesso o mundo convencional e ordeiro da classe média americana – é um engodo, um golpe de publicidade. *Beleza americana* agrada na medida em que foi calculadamente feito para agradar (e isso há de ser elogiado), mas propicia a visão de que se está diante do que se vê todos os dias. Pode, com isso, desagradar àqueles que vão ao cinema para encontar algo "mais radical": não há tesouro a ser descoberto no anódino filme de Sam Mendes.

WWW.LOQUENS.CJP.NET, MARÇO DE 2000.

GLADIADOR

Gladiador, filme de Ridley Scott, com Russell Crowe, está na praça.

Trata-se de uma megaprodução de 103 milhões de dólares. Realizado pelos estúdios Dream Works, de Steven Spielberg, já recuperou o dinheiro gasto. Crowe é Maximus, um camponês espanhol (de terras da atual Espanha) que ama Roma e é dedicado à família. Na Germânia, em 180 d.C., ele lidera uma grande vitória do exército do imperador Marco Aurélio, o qual, sentindo a proximidade do fim e encantado com o vigor e a determinação de Maximus, o escolhe como seu sucessor, no lugar de Commodus, seu fillho legítimo.

Ao ficar sabendo que não será o imperador dos romanos, Commodus estrangula o pai e manda matar a família de Maximus. O herói consegue escapar, mas não salva a mulher e o filho. O resto do filme é o caminho seguido por Maximus para a vingança. Nesse caminho, ele encontra a arena e torna-se gladiador.

O fio condutor da trama é velho e coloca a verdade histórica para escanteio. Marco Aurélio nunca pediu a quem quer que fosse para ajudá-lo a passar seu cetro ao Senado romano. Tampouco Commodus, embora tenha lutado 735 vezes como secutor (aquele que usa gládio, escudo e capacete peitoral), morreu na arena (seus adversários usavam armas de chumbo, como é descrito no volume 1, capítulo IV do Declínio e queda do Império Romano, de Edwarr Gibbon). Seu fim foi como o do pai: estrangulado pelas mãos de sua guarda. Assim, como avisa Thomas Wiedman, no Sunday Times, não vamos tomar *Gladiador* como fonte para estudos sobre o século 2. (O alerta de Wiedman vale também para a Joana D'Arc de Luc Besson: nesse filme, a heroína francesa combate os ingleses para vingar a morte da irmã.)

Então, talvez não seja o caso de falar em algo como coerência histórica e verossimilhança em *Gladiador*. O modo pelo qual Maximus escapa do carrasco, no momento em que seria executado, só pode ser entendido no âmbito do desenho animado ou dos jogos de computador (Quake 2, por exemplo). De qualquer forma, quem estiver interessado em apontar incorreções históricas e inverossimilhanças no filme de Ridley Scott, é bom não ir com muita sede ao pote. Lembremos que em suas famosas entrevistas para François Truffaut nos Cahiers du Cinéma, o grande Hitchock chama a atenção para o fato de que a verossimilhança não o interessa. Seu um filme for analisado em termos de plausibilidade e de verossimilhança, nenhum argumento resistirá a uma análise lógica. E assim não haveria ficção cinematográfica, mas documentários.

Nem é o caso, creio, de acentuar que se trata de um produto violento, apelativo, previsível e repetitivo (algo como uma remasteurização de A queda do Império Romano, de Anthony Mann). *Gladiador* faz parte da máquina holywoodiana, certo, logo não se vá esperar um filme com complexidades psicológicas, existenciais ou coisas do tipo. Seria como apontar o olhar para algo bastante diverso do que está na frente. Não há, claro, ingenuidade ideológica ou neutralidade moral em *Gladiador*. Mas uma constatação como essa vem sendo percutida desde O nascimento de uma nação, de Griffith; e tem sido percutida tão insistentemente que já faz parte da pedagogia.

Como não vejo razão para repetir algo sobre as qualidades pedagógicas do cinema americano e não creio que o silêncio seja a saída, deixo de lado qualquer enfoque que aponte para questões ideológicas, de consumo ou de matiz intelectualizante, e sinalizo para um ponto que considero interessante destacar em *Gladiador* – caso se tenha em vista um tema que está na ordem do dia: qual o futuro do cinema? Pois, enquanto *Gladiador* moderniza tecnologicamente o gênero épico, (o mesmo pode ser dito de *Matrix*, em relação à ficção científica), em Cannes, pôde ser visto num evento paralelo o curta-metragem *The new arrival*. A novidade foi o uso do Ivideo, que permite ao espectador mudar a perspectiva da câmara a qualquer momento. Essa tecnologia acaba introduzindo no filme um ritmo muito diferente atual. O que está em pauta, então, é saber se o uso de tecnologia trará como exigência a mudança de nossa perspectiva do que sejam as imagens em movimento; de modo mais preciso: do que seja a ilusão de realidade, face às imagens computadorizadas.

Em *Gladiador*, apenas 40 por cento do Coliseu foi construído em estúdio, o restante foi concluído por computação. Além disso, por obra do acaso, com a morte do ator Oliver Reed, pouco antes do término das filmagens, closes de seu rosto foram escaneados num computador e inseridos no corpo de um dublê, que fez as cenas que faltavam. Como saber onde está a reconstrução arquitetônica do anfiteatro flaviano pelo estúdio e a ilusão gráfica ou qual o rosto real de Oliver Reed nas cenas finais? Talvez, daqui a uns dez anos, os efeitos de *Gladiador*, como os de Os pássaros, sejam ridículos (a pedagogia ensina que nosso olhar muda com o hábito), mas hoje a realidade das imagens criadas por computador faz que imaginemos que o mundo dos espetáculos na Roma de Commodus era tal qual vemos na tela.

A hiper-realidade das imagens irreais, no entanto, tem como contraponto a falsidade da narração, que evocaria fatos reais e não ilusórios (afinal, o que se vê na tela é a tentativa de exibir um fragmento histórico da Roma de Commodus, como narrado, entre outros, por Gibbon); ocorre que as imprecisões históricas são tais que não é possível pensar nem longinquamente em fidedignidade histórica (a suspensão da descrença muda de lugar: passa da ilusão histórica para a ilusão do espetáculo). Se alguém quiser saber qual era a semáfora das arenas (quando ferido, o gladiador levantava o dedo indicador para a platéia pedindo indulgência; se esta voltasse o polegar para baixo, o gladiador estava salvo; caso levantasse em sentido contrário, o combate devia continuar) não vai aprendê-la em *Gladiador*, mas se quiser ver a fidelidade da ilusão das imagens, a encontrará nesse filme de Ridley Scott.

WWW.LOQUENS.CJP.NET, MAIO DE 2000.

MAGNÓLIA

Passada a festa do Oscar, entram em cartaz dois filmes que merecem atenção (talvez a insígnia: filmes de temáticas adultas, já que a última estação foi marcada pela avalanche Blockbuster): *Erin Brockovich – Uma mulher de talento*, de Steven Soderberg, e *Magnólia* – Urso de Ouro em Berlim –, de Paul Thomas Anderson. Por que *Beleza americana* foi o grande vencedor do prêmio da academia de Hollywood, o segundo deve ser visto (como lição de casa), nem que seja por contraponto, por quem iniciou um papo sobre a família média americana.

Não que, com *Magnólia*, se possa continuar o papo sobre a superficialidade na felicidade da família média americana. *Magnólia*, como *Beleza americana*, retrata o universo familiar, mas, ao contrário do segundo, em que uma suposta felicidade é quebrada no momento em que o protagonista se entendia com a própria felicidade, no filme do jovem Paul Thomas Anderson não há disfuncionalidade familiar aparente. As famílias apresentadas desde o ínicio não escondem algo de autodestrutivo, estilhaçado, dilacerante, esgarçante – como se não se soubesse ao certo se algo que as mantém é um tipo de masoquismo enrustido ou outra patologia qualquer a ser nomeada pela psicologia.

Magnólia (referência à avenida principal do vale de San Fernando, em Los Angeles) entrelaça, como num painel, a vida de diversas pessoas de modo vertiginoso e acidental. A narrativa é feita de modo a não se ter certeza da simultaneidade ou da seqüência das ações (pode-se destacar que a trilha musical colabora para que o espectador perca o foco da narrativa: algumas vezes, uma música acompanha uma seqüência e permanece na seguinte, sugerindo uma ligação entre as duas). É uma brincadeira com o tempo e o espaço, própria de uma estética vídeoclip anos 90, cujo flerte com o cinema surrealista é inegável.

A seqüência inicial é uma brincadeira com o acaso: uma mulher atira para matar o marido e acaba matando o próprio filho, que estava tentando o suicídio do alto do prédio em que moravam, mas que seria salvo por uma rede esticada para salvá-lo. Próximo do final há uma seqüência insólita: uma chuva de anfíbios, na qual não há como pensar senão nos cânones surreais (é curioso notar que, apesar disso, não há propriamente um clima onírico, tudo se passa numa jornada na vida de todos os personagens).

A estética vídeoclip e o flerte com o surrealismo se expressam numa trama sugestiva, tensa e agustiante (quanto a isso, é possível notar ecos distantes de *Táxi driver*), em que vão aparecendo figuras bizarras, bisonhas, patéticas, oportunistas, histéricas, deprimentes, estúpidas, obsessivas, mal amadas, burocráticas... (como se Paul Thomas Anderson se propusesse a deixar em película uma versão pop do inferno pintado por Hieronymus Bosch no *Tríptico das Delícias*).

Assim, surge um policial panaca (seguidor da lei) que perde a arma numa situação burlesca, se engraça com uma viciada em cocaína e, mesmo ela fazendo força, não consegue perceber que a garota é viciada. Esta, por sua vez, é filha de um famoso apresentador de programa de perguntas na TV (a narrativa dá a entender que a filha é "maluca" porque o pai a teria molestado na infância). O apresentador de TV está com câncer – em estado avançado –, mas, como o *show* não pode parar, apresenta seu programa rotineiro, no qual crianças inteligentes participam de uma disputa, com adultos patetas, sobre conhecimentos gerais.

A atração do programa é um garoto prodígio, cujo pai investe tempo e dinheiro no seu preparo. Ocorre que o garoto, entediado com o que se passa e porque, quando estava apertado, a equipe de produção do programa não permitiu que fizesse xixi, termina molhando as calças e, ainda, se recusa a continuar o *show* (aqui a psicologia de ocasião dá as mãos ao *show business*). A cena é vista, num bar, por um ex-garoto prodígio, que acabou num adulto deprimente e homossexual (está apaixonado por um barman tipo atlético; para chamar a atenção do rapaz, passa a usar um aparelho dentário igual ao dele, embora seus dentes sejam perfeitos).

Como o apresentador, o produtor do *game show* também está com câncer (é ajudado por um enfermeiro prestativo e tolo em seu leito de morte), abandonou a mulher, que morreu de câncer, e se casou pela segunda vez com uma jovem cuja idade é a metade da sua. A jovem se casou por interesse, traiu o velho, mas, na iminência de sua morte, tem uma crise de arrependimento: abre mão da herança e tenta impedir que esta vá para a mão do filho do velho moribundo. O filho dele é um falocrata que enriquece e torna-se famoso ao ensinar homens inseguros – numa casa de espetáculos – a enfrentar a ameaça feminina (a *blague* de seu programa é: "respeite o seu pinto"). Aqui, novamente, entra em cena a psicologia de ocasião e o *show business*: a narrativa sugere que o rapaz não suportou o trauma de ter visto o pai abandonar a mãe, quando esta morria.

Embora se possa dizer que a estrutura narrativa de *Magnólia* se assemelhe à de *Short cuts*, há pelo menos duas diferenças fundamentais entre ambos: o filme de Robert Altman carrega as tintas no caráter cômico (no fundo, é uma comédia de costumes, uma colcha de retalhos de cenas da vida cotidiana que encontra ressonância no *Discreto charme da burguesia*, de Buñuel) e faz um painel de vidas paralelas (cada personagem encerra o seu mundo em si mesmo), de modo que os problemas de cada um são prosaicos – não há tentativa de psicologizar para "explicar" por que alguém age de determinado modo e não de outro, as neuroses, fragilidades, debilidades – e apenas incidentalmente as pirações de alguém afetam a vida de quem está ao lado.

Não é o que ocorre em *Magnólia*. O filme de Anderson não é uma comédia, mas um drama sobre as perturbações psicológicas e fantasmas de todos os personagens na trama. Nem se trata de um painel de vidas paralelas (de algum modo, o drama de todos os personagens se entrelaçam, todos os fios se amarram). Disso decorre que, em oposição a *Short cuts*, há um núcleo em torno do qual gravita a vida de todos os personagens: de perto ninguém é normal. Ou seja, cada um esconde um mistério indecifrável, aos olhos dos outros, mas isso pouco importa. O mundo pintado em *Magnólia* não abre espaço para a comiseração ou algo como a fraternidade: "o inferno são os outros", como que a lembrar a máxima sartreana em *Huis Clos*.

Com *Magnólia*, Anderson dá continuidade aos temas de *Boogie Nights – Prazer sem limites*, seu filme anterior, no qual faz um balanço da vida de vários integrantes da indústria de filmes pornôs nos 70. Na verdade, algumas experiências de infância e fantasmas familiares inundam as referências em sua cinematografia (para fazer uso de psicologia de ocasião, é isso que, talvez, "explique" por que seus filmes se ocupam de dramas psicológicos e do dilaceramento da personalidade de quem está exposto á mídia). É o que se pode observar quando se lê um artigo seu publicado no *The New York Times*. Nesse artigo diz que cresceu em Studio City, numa área suburbana onde os únicos filmes produzidos na época eram os pornográficos e que perdeu vários parentes com câncer, entre eles o pai, que fazia *voice-overs* para comerciais e anunciava filmes de terror na TV. Ele cresceu e vive no ambiente retratado por seus filmes. *Magnólia* é mais palatável que *Boggie Nights*.

De qualquer modo, não é um filme adociado: feito para o agrado de gregos e troianos. Nisso reside seu ponto forte, já que na filmografia atual é cada vez mais raro ver o que alerta: é preciso esperar para ver como *Magnólia* será assimilado pelo tempo. É fácil assinalar que bons filmes num primeiro momento revelam-se chatos (datados) anos depois.

WWW.LOQUENS.CJP.NET, AGOSTO DE 2000.

LAÇOS SAGRADOS

Laços sagrados (Kadosh), do israelense Amos Gitai, é um filme difícil. A dificuldade, porém, não está na trama: não há descontinuidade narrativa, *flasback* ou qualquer outra intromissão estilística que exigiria do público uma atenção redobrada para acompanhar a ordem dos acontecimentos. Então, o público não se afastaria nem se aproximaria de *Laços sagrados* por causa da trama. O filme é montado de modo a se perceber que o diretor busca um esquematismo didático, ao mostrar como as irmãs Rivka e Malka respondem aos preceitos religiosos numa comunidade de judeus ortodoxos de Meã Sharim, em Jerusalém.

Rivka é casada com Meir há dez anos. Não tem filhos e nisso reside a tensão do casal: a esterilidade constrói uma vergonha irreparável, pois priva os cônjuges daquilo que é a função do casamento. Malka é solteira, vive uma paixão secreta por um judeu que não faz parte da comunidade e, por motivos religiosos, casa-se com Yossuf, também membro da comunidade. Seguindo o esquematismo didático: o rabino prescreve a Meir diante de Deus: ele não pode manter um casamento inexistente, pois estará contrariando os Seus desígnios; é impuro aquele que mantém uma relação conjugal somente para o prazer carnal. Meir deve, portanto, abandonar Rivka e procurar outra mulher, que possa dar à luz filhos belos e sadios. De outro lado está Malka: casada com um homem que lhe é absolutamente estranho, ela sustenta a situação até o momento em que joga tudo para o alto: abandona o marido e se entrega à pessoa por quem verdadeiramente está apaixonada. No desfecho são traçados os destinos das irmãs. Rivka, em consulta médica, descobre que talvez ela não seja estéril e sim o marido. Diante dessa possibilidade, no entanto, ela prostra-se e recolhe-se á solidão. Malka, após uma noite de amor, transpõe não só os muros da comunidade, mas também os da cidade. Rompe, assim, com o mundo no qual vive – inclusive com sua paixão secreta – e busca outra realidade, fora dos olhares da cidade sagrada.

Apresentada dessa maneira esquemática, não há dificuldades para se entender como a trama é tecida. Não obstante, o filme de Amos Gitai dá margem a que se discuta um tema espinhoso, algo como o dilema entre o particular e o universal nas relações humanas. E é por isso que se trata de um filme difícil. Difícil porque, do modo como as ações são encadeadas, exige que Rivka e Malka façam escolhas diante daquilo que Sartre chama de situação-limite (não é possível não escolher; o problema da escolha está nos custos que se seguem). Difícil porque não é difícil para o público se colocar na situação dos personagens (aí o viés universal). Mas, do mesmo modo, para quem não é judeu, difícil porque mostra uma realidade distante (aí o viés particular), na qual alguns gestos e ritos são simplesmente incompreensíveis.

A psique das irmãs exprime a dificuldade da escolha. Pode parecer, à primeira vista, que Rivka, contida, sucumbe ao peso da tradição. Nada errado nessa suposição, pois é isso que as imagens mostram. Mas as imagens mostram também que Rivka e Meir são apaixonados, que a ternura, o afeto e a compreensão fazem parte de relação deles. Ocorre que há pouco espaço para ela pensar numa vida com Meir fora da comunidade. Meir, um judeu ortodoxo, teria de abrir mão de seu mundo para manter a relação. Ou seja, como, para Meir, encontrar sentido num mundo que seja estranho àquele para o qual os mínimos gestos apontam para Deus? A felicidade do casal seria muito improvável fora do mundo em que vivem. E pode parecer também, à primeira vista, que Malka, rebelde, rompe o peso da tradição e, com isso, garante uma vitória feminina. Certo, mas há de se considerar, no entanto, os custos da ruptura, pois se ela tivesse se casado com um homem terno, que a compreendesse... Supor que ela apague suas origens implica a pergunta: a que custo? A acomodação a um mundo diverso não se faz sem riscos. Correr riscos pode ser uma virtude, mas não se pode colocá-la sob o tapete.

Enfim, não se trata simplesmente de opor esquematicamente uma irmã contida a uma rebelde, mas sim de apreender que o filme de Amos Gitai mostra como, numa situação-limite, qualquer escolha encerra os seus custos.

Revista de Cinema, ano I, nº 6, outubro de 2000.

CELEBRIDADES

Celebridades é um legítimo Woody Allen. Quem gosta de Allen vai encontrar nesse filme de 98 o melhor de seus maneirismos, clichês e piadas sobre sexualidade; a recorrência a Nova York, ao jazz, ao uso da fotografia em preto-e-branco e assim por diante (claro, pode-se objetar que não se trata do melhor Allen, mas aí é necessário gastar alguma tinta para que tal objeção não se restrinja a uma questão de gosto). Os filmes de Allen podem ser entendidos como uma espécie de variações sobre o mesmo pano de fundo. Muito do que se vê em *Celebridades* já foi visto de uma forma ou de outra em outros Allen. No entanto, Allen é um diretor para o qual o pano de fundo muda de textura de filme para filme. Ou seja, embora pareça o mesmo, só o é na medida em que o pano de fundo não muda; mas não o é na medida em que, mudada a textura, altera-se, por conseguinte, a tonalidade (o preto-e-branco em *Neblina e sombras* evoca o clima *noir*; já o preto-e-branco em *Celebridades* deixa a sensação de distanciamento da realidade: é o nosso mundo que está sendo mostrado, mas não com as cores vivas da realidade).

De que *Celebridades* trata? Trata do mundo *fashion*, do *show business* e da indústria do entretenimento; trata da maneira pela qual as pessoas são seduzidas pela notoriedade, pelo culto à fama. Kenneth Branagh é Lee Simon, um jornalista que faz perfis de atrizes famosas para uma prestigiosa revista em Nova York. Está casado a quatorze anos com Robin (Judy Davis), uma professora de literatura inglesa. No início do filme, eles se separam e Lee passa a ter uma vida errática, na qual se envolve emocionalmente com uma estrela de cinema (Melanie Griffith), uma *top model* (Cherlize Theron), uma editora de livros (Franke Janssen) e uma atriz de segunda linha (Winona Ryder). Lee tem um roteiro de cinema pronto para um filme que não se realiza, mas sua principal ambição é terminar (o que não ocorre) de escrever um romance sobre a desintegração moral da sociedade contemporânea. Todas as suas investidas redundam em fracasso. Robin, em contraste, terá melhor sorte: envolve-se, num lance de pura casualidade, com um magnata de televisão (Joe Mantegna) e emerge como uma verdadeira celebridade no mundo jornalístico.

Celebridades remete ao cultuado *A doce vida*, de Fellini; de fato, há pontos de contato óbvios entre eles. Ora, em ambos, na seqüência inicial, há a presença de um aeródino carregando uma mensagem; há a insaciável presença dos *paparazzi*, a espetacularização dos eventos; pode-se dizer até que Melanie Griffith faz as vezes de Anita Ekberg (a cena em que

Anita se banha na Fontana di Trevi ao lado de Marcello Mastroianni encontra paralelo na que Branagh entrevista Melanie num quarto em que ela passou a infância). No entanto, a América dos 90 não é a Itália do pós-guerra, sacudida pela americanização dos costumes. No filme de Fellini, o protagonista expressa o vazio existencial num mundo fútil, em que os valores tradicionais são postos em xeque pela espetacularização, o que implica uma crítica ao culto da notoriedade, pois na sociedade de espetáculo a vida resume-se ao *nonsense*. No filme de Allen, ao contrário, não há vazio existencial (Lee Simon não sente mal-estar no mundo em que vive; seu esforço é justamente para se fazer notar, virar notícia, ficar famoso); há farsa, deboche e auto-ironia, o que o torna pós-moderno. Sendo assim, não incita a uma crítica ao culto da fama; é certo que deboicha desse culto, mas, porque é pós-moderno, mostra que a fama é como um espelho e que quem olha para ele não quer mais tirar os olhos.

A farsa, o deboche e a auto-ironia (há várias piadas sobre o mundo cinematográfico) servem para mostrar que se há algum prazer na vida pósmoderna, este consiste justamente em viver superficialmente. Todos sabem que tudo é superficial e que não poderia ser de outra maneira. Quem quer que calcule bem suas ações será bem sucedido (nada de escândalos ou, de outro lado, que os efeitos positivos do escândalo sejam calculados nos mínimos detalhes: o caso Clinton/Lewinsky é insinuado numa seqüência). Qualquer assunto complexo, que implique exigências explícitas, quebra a harmonia superficial na qual todos estão imersos. Lee Simon não se realiza nem afetiva nem profissionalmente porque é um destrambelhado; por isso, não consegue ter o *timing* em que as coisas lhe seriam favoráveis.

REVISTA DE CINEMA, ANO I, N° 07, NOVEMBRO.DE 2000.

E AÍ, MEU IRMÃO, CADÊ VOCÊ?

E aí, meu irmão, cadê você?, dos irmãos Coen, foi aguardado com expectativa no festival de Cannes 2000. A expectativa criada se justifica, pois os Coen assinaram alguns dos filmes mais cultuados dos anos 90, os quais, invariavelmente, apontam para um pedaço da América com o fito de extrair o inaudito nas situações e personagens comuns da paisagem americana. Depois de *Arizona nunca mais*, *Na roda da fortuna* e *Fargo*, houve expectativa para ver se os Coen continuam afiados em seu humor tão insólito quanto inóspito. O pedaço da América em *E aí, meu irmão, cadê você?* é o Mississippi, durante a Depressão dos anos 30. E se há algo inventivo na mais recente criação dos Coen, esta fica por conta da abertura e do final: o filme se inicia com uma paródia do Canto 1 da *Odisséia* e termina mostrando que foram feitas algumas referências livres ao poema homérico.

Na trama, três prisioneiros acorrentados pelos pés escapam de um campo de trabalhos forçados e se lançam a uma jornada esquisita em busca de um suposto tesouro enterrado por um deles, Everett Ulisses (George Clooney). No caminho de fuga encontram um cego que lhes aponta o destino, são seduzidos por três mulheres, envolvem-se com um violonista que fez um pacto diabólico para tocar como ninguém, gravam um disco, ficam famosos em todo o Mississippi e, depois de muitas atribulações, Ulisses se reencontra com a sua Penélope (Holly Hunter) – não sem que esta tenha um pretendente no calcanhar.

A adaptação livre da *Odisséia*, no entanto, não passa de uma brincadeira despretensiosa, pois há um ponto verdadeiramente pretensioso no filme dos Coen: trata-se de uma boa sátira à tentativa de se etiquetar um filme como pretensioso pelas referências. Ora, com *E aí, meu irmão, cadê você?* os Coen propiciam um bom exemplar de como é possível disfarçar mostrando o disfarce. Ao dizer que se inspira em Homero, o filme dos Coen mostra o disfarce (as supostas referências implícitas) e, ao mostrar o disfarce, disfarça que sua referência maior poderia muito bem ser a *slapstick comedy* (bastaria, na edição final, retirar os letreiros que dizem que o filme se inspira na *Odisséia*, para colocar essa referência no fundo da tela). Como nas comédias de Harold Lloyd ou Buster Keaton, as cenas de *E aí, meu irmão, cadê você?* mostram os personagens em situações burlescas, perversas, estúpidas, ridículas, catastróficas, tudo num ritmo imprevisível e desconexo, em que a estupidez e o mal-entendido estão disfarçados de esperteza.

Porque é uma sátira, além da referência à *slapstick comedy*, é possível encontrar ecos de *O mágico de Oz, Butch Cassidy, Bonnie e Clyde, O tesouro de Sierra Madre"* em *E aí, meu irmão, cadê você?*. Enfim, das referências básicas presentes no cinema de perseguição, em que mocinhos e bandidos se embaralham. Então, o humor no mais recente Coen resulta, antes de tudo, de uma gozação inteligente àqueles que tentam justificar o valor de um filme por conta desta ou daquela referência.

Mas subverter as referências para quê? Não é pela inversão do personagem homérico (no lugar do Ulisses heróico e astuto há um Ulisses amedrontado e estúpido) que os Coen pretendem incitar a uma crítica mordaz e sarcástica do homem comum de um pedaço da América? Se não é assim, e o filme dos Coen passar por uma brincadeira despretensiosa, temos algo como um brinquedo novo nas mãos de crianças: depois de pouco tempo torna-se enfadonho e, como qualquer brinquedo, acaba sendo deixado de lado. Contudo, a brincadeira dos Coen pode ser algo mais que um brinquedo para crianças se for entendida como uma tentativa de jogo que busca equilibrar a pretensão e a despretensão.

Já que a América deu certo, apesar de um Ulisses estupidificado, há bons motivos para rir daqueles que se curvam diante de um império de estúpidos. Só um olhar desatento para ver que a pretensão dos Coen não é inverter o mito de Ulisses para criticar o americano comum. *E aí, meu irmão, cadê você?* é um filme despretensioso; e na sua despretensão, pela subversão das referências, mostra que a América é feita por muitas pessoas estúpidas que dão certo. A moral da história é contada por Everett Ulisses na cena final: "'Tudo está bem quando tudo termina bem', assim dizia o poeta". E o poeta é Shakespeare; não Homero. Ou seja, é pela subversão que os Coen mostram a América.

REVISTA DE CINEMA, ANO I, N° 8, DEZEMBRO DE 2000.

ADEUS, LAR DOCE LAR

Depois de passar pela Mostra Internacional de Cinema de São Paulo em 99, chega ao circuito *Adeus, lar doce lar*, do georgiano Otar Iosseliani. O título alude a uma expressão usada pelos marinheiros (no original, *Adieu, plancher des vaches!*): quando aportam, olham para o mar com uma ponta de nostalgia, pois estão deixando a tranqüilidade do lar para retornar ao burburinho do mundo. Para eles, a vastidão do mar é a casa; local de fronteiras definidas, de códigos conhecidos e em que os movimentos mais leves são familiares e seguros. É, portanto, na sincope das águas, e não em terra firme, que está a segurança. A partir dessa idéia, Iosseliani fez um filme contemplativo e nostálgico (algo na linha de *Um olhar a cada dia*, de Teo Angelopoulos, ou de *Nostalgia*, de Tarkovsky, à medida que, como estes, o andamento das imagens evocam o sentido das coisas num tempo e espaço perdidos). Em *Adeus, lar doce lar* imagens contemplativas e nostálgicas estão a serviço de mostrar se, malgrado a barbárie multicultural, é possível encontrar sentido último em alguns prazeres da vida: beber vinho, cantar, viajar, fazer sexo...; se ainda é possível reconhecer em outra pessoa um igual porque partilha os mesmos valores, e não porque o direito à diferença se faz imperativo.

A trama se desenvolve em torno de uma família aristocrática (e não burguesa, embora possa ser confundida como tal) que vive em uma mansão isolada do contato com a sociedade. Nela habita um patriarca combalido pelo tempo, que passa as horas de ócio brincando com trenzinhos elétricos, copulando com uma bela e irreverente empregada, atirando em garrafas vazias e bebendo vinho. Sua jovem e vigorosa esposa é uma cantora lírica que cuida dos negócios da família. O filho, sempre que pode, pula o muro do lar, cruza o rio que protege a mansão e cai na vida em busca de aventuras. Há, ainda, a presença fugidia das meninas e a excentricidade da criadagem.

Fora da mansão há o burburinho da cidade (no caso, uma Paris povoada por negros árabes, mendigos e jovens desocupados); há o proletário que gostaria de viver como um burguês; há a garota que gostaria de ascender na escala social e que se deixa seduzir nas estradas da vida; há o negro que, humilhado pelo patrão, faz uso do mesmo procedimento diante de funcionários de um restaurante; enfim, há os valores mutantes do multiculturalismo, que diluem as diferenças de classe e de etiqueta e forjam os toscos padrões de comportamento das chamadas classes ascendentes.

Uma primeira aproximação com o onirismo buñuélico é cabível (há ecos de *A Idade do Ouro* e de *O fantasma da liberdade* em cenas como a da ave que alça vôo na sala da mansão e a da menina que brinca de mobiles, alheia aos acontecimentos que a cercam); mas a aproximação maior é com o choque provocado pela emersão do novo, expresso em filmes como *A grande ilusão* e *A regra do jogo*, de Jean Renoir. Há uma seqüência emblemática em que a referência a Renoir é marcante; aquela em que o patriarca recolhe um mendigo que, casualmente, foi parar na mansão; nesse encontro (como no dos oficiais alemão e francês de *A grande ilusão*) as diferenças de nacionalidade não são suficientes para apagar o que eles têm em comum: participam da mesma cultura, cantam e bebem vinho, indiferentes à desagregação do mundo que os formou.

Adeus, lar doce lar é um filme cheio de imagens simbólicas, o que exige do espectador uma cumplicidade com certas etiquetas que pululam de cena em cena; por isso, é um convite ao pensamento sobre valores que sinalizam para um mundo em constante mudança e que, não obstante, convive com a permanência da tradição. De fato, a pedra de toque em *Adeus, lar doce lar* é o conflito entre a permanência e a mudança (e nisso, as imagens do filme de Iosseliani reatualizam a famosa frase de Tancredi, em *O Leopardo*: "é preciso mudar tudo para continuar como está"; ou ainda a idéia do eterno retorno, de Nietzsche). Assim, acaba provocando a seguinte interrogação: na mutabilidade de valores há algo que permanece, que esteja além das diferenças de classe, de nacionalidade e dêem um sentido transcendente à existência humana? Como Nietzsche, Iosseliani aposta na música e no vinho; a afirmação da vida se dá pela música e pelo desatino inebriante propiciado pela bebida.

REVISTA DE CINEMA, ANO I, Nº 09, JANEIRO DE 2001.

NEM TRENS, NEM AVIÕES

O holandês Jos Stelling despontou como um dos cineastas mais inquietantes e criativos da Europa em meados da década de 70, mas só foi melhor apreciado pelo público brasileiro na década passada, quando *O ilusionista* e *O homem da linha* foram exibidos e ganharam, respectivamente, o prêmio de público na 9ª e 10ª Mostra Internacional de Cinema. Esses filmes chamaram a atenção dos espectadores da Mostra por causa do acentuado *nonsense* e pelo tema: personagens solitários que trafegam na linha divisória entre a desesperança e o patético. *O ilusionista* é um exercício em que as imagens desconfortam porque mostram a impossibilidade de se encontrar um lugar privilegiado que dê conta da loucura; já em *O homem da linha*, o sentido das palavras se pulveriza pela ausência de referentes: a fala não dá conta das paixões e das tensões em que os personagens estão inseridos.

Nesses dois filmes, os elementos dramáticos foram deixados de lado em proveito das imagens, que são suficientes para exibir a desesperança e o patético da condição humana. Não obstante, Stelling não faz filmes para um público que venha a se encantar exlusivamente com inovações estilísticas (a exigência é outra; trata-se, antes, de retratos mordazes das fraquezas humanas) ou a se engalfinhar em polêmicas por conta da maneira como ele mostra o comezinho nos rostos e nas situações banais (o que, apesar de algumas semelhanças, o afasta dos signatários do Dogma 95). Pois, como no dia-a-dia, em seus filmes nada parece acontecer, mas tudo acontece de modo quase despercebido, o que torna, paradoxalmente, a banalidade e a ausência de apelos dramáticos elementos ornamentais da irrisoriedade e da insignificância das ações humanas.

Com *Nem trens, nem aviões*, ambientado numa única locação (um Café Central, próximo a uma estação de trens), Stelling lança luz para as últimas 24 horas de Gerard, um tipo patético e entediado que se recolhe ao tal Café e anuncia aos presentes que está de partida para a Itália. Da mala que carrega consigo Gerard retira alguns objetos e os presenteia a alguns *habitués* do Café. O que se segue é uma seqüência de situações que oscilam entre o *nonsense* e o humor sardônico, a partir do momento em que os freqüentadores tomam conhecimento de que Gerard é irmão de um cantor popular que, naquela noite, além de se apresentar num programa televisivo, irá encontrá-lo no Café. Além de Gerard, todos os personagens em *Nem trens, nem aviões* são entediados e patéticos. O velho e ausente dono do Café e a filha deste, uma jovem drogada e *blasé*; o garçom displicente; o bobo briguento de ocasião; o casal careta que teria todos os motivos para não estar naquele lugar; um bêbado meio intelectualizado que trata tudo e todos com sarcasmo; o irmão de Gerard, cujos trejeitos não escondem o desconforto por causa do encontro invulgar; e a prostituta que se afeiçoa a Gerard.

Apesar de, na forma, lembrar *O jantar*, de Ettore Scola, há, ao contrário deste, algo excessivamente caricatural nos personagens de *Nem trens, nem aviões*; o envolvimento emocional entre eles é estranhamente crível e absurdo; e se as ações vividas por eles forem tomadas como um fragmento do mundo, a moral desse filme resume-se à seguinte máxima: as mais diversas formas de comunicação não aproximam as pessoas; cada qual vive o seu mundo, o seu drama pessoal. O problema não é a falta de comiseração, mas de desconhecimento completo de quem está adiante todos os dias. Nenhum dos freqüentadores do Café Central nota o drama de Gerard, mesmo quando, seguindo Camus, ele toma a única decisão importante que cabe à condição humana: colocar o suicídio no primeiro plano das ações.

Stelling mantém-se fiel à temática de seus filmes anteriores; contudo, para quem espera do diretor holandês uma nova visada sobre a mesma temática, talvez se desaponte com *Nem trens, nem aviões*, porque, com esse filme, Stelling revela ou falta de criatividade ou que não tem mais o que mostrar sobre a desesperança e o patético. E não se pode dizer que não se deve exigir criatividade de um criador, pois, se for assim, como destacar o valor de uma obra quando se tem outra que lhe faz sombra? Porque não há novidade no modo de exibir o absurdo da vida de Gerard, por mais que a trama revele despercebidamente suas aflições e seu destino tragicômico, as imagens de *Nem trens, nem aviões* estão desfocadas.

Com isso, por causa da composição caricata dos personagens (falta-lhes espessura psicodramática) e porque não inova no tema, *Nem trens, nem aviões* pode não ser um belo exemplar cinematográfico sobre a desesperança e o patético. Entretanto, a ausência de novidade, a se considear a linha temática de Stelling, pode se revelar uma pista falsa – um blefe para um olhar desatento –, pois se *Nem trens, nem aviões* está desfocado e não comporta novidade, não é menos verdade que a desesperança e o patético são temas fora de lugar no mundo em que vivemos. Além disso, de

Stelling não se espere um tratamento estilizadamente *cleam*, moldado para as conveniências de consumo. Entendo, portanto, que o *déjà-vu* de Stelling tem o mérito de lembrar que a desesperança e o patético não podem ser banalizados pelo excesso.

REVISTA DE CINEMA, ANO I, N° 10, FEVEREIRO DE 2001.

AMOR À FLOR DA PELE

O cinema oriental vem conquistando, desde o final da década de 80, cada vez mais respeito nos principais festivais da Europa, como Berlim, Cannes, Veneza e San Sebastian. Na maioria dos filmes do último decênio, pode-se perceber uma preocupação com os efeitos do choque do novo sobre a ordem das coisas e uma reflexão sobre os rumos dessa cinematografia. É o que se pode notar em dois filmes chineses – *Nenhum a menos*, de Zhang Yimou, e *Banhos*, de Zhang Yang –, que passaram por aqui no ano passado e que tiveram boa repercussão crítica e acolhida de público.

O público brasileiro tem tomado conhecimento de boa parte da cinematografia oriental pela Mostra Internacional de Cinema. Foi assim que, em 1994, chegou por aqui o cultuado *Amores expressos*, do cineasta formosino Wong Kar-wai; e foi assim que, no ano passado, chegou *Amor à flor da pele*. Com esse filme mais recente, Wong Kar-wai ratifica a força atual do cinema oriental ao apresentar uma obra que, no conjunto, é singular, ao conjugar temas como desejo, ansiedade e incerteza numa trama pouco comum e uma montagem pontuada pelo ritmo da música (o bolero *Aquelles ojos verdes*, na voz de Nat King Cole, funciona como uma espécie de música interpretativa para o que não é dito) e por enquadramentos difusos (primeiros planos, planos de detalhes e *travellings*, que lembram *Hiroshima, mon amour*, de Resnais, acentuam um clima ao mesmo tempo obsessivamente intimista e silencioso).

Em *Amor à flor da pele* as ações dos personagens são moduladas por pequenos detalhes do cotidiano registrados em imagens menos explicativas do que sugestivas. É o que ocorre quando há o encontro entre Chow, um elegante jornalista que supostamente está escrevendo uma matéria sobre artes marciais, e a bela secretária de uma empresa, Li-zhen, que desfila com vestidos de cortes impecáveis a cada cena (e isso não é de somenos importância, pois, no detalhe, revela uma visão de mundo: os dois acolhem padrões de vida que os afinam com os códigos de referência do mundo moderno), pois, apesar de não alugar um quarto que já tinha sido alugado por ele, ela acaba alugando o quarto contíguo e, assim, ambos, que são supostamente casados, embora os respectivos cônjuges não apareçam numa única cena, passam a habitar num mesmo edifício decadente de Hong Kong no início dos anos 60.

Na ausência dos supostos cônjuges, nasce entre eles um jogo de aproximação e afastamento, desejo e ansiedade, frustrados pela impossibilidade, um jogo de ditos e desditos, como numa encenação que mostra uma verdade insuportável não pelo que é dito, mas pelo que é velado na própria encenação. Por isso, *Amor à flor da pele* pode ser entendido como um jogo – algo parecido com o que Bergman fez em *O Sétimo Selo* –, mas aqui o tema não é o medo da morte e o acerto de contas com Deus e sim a transgressão do limite entre uma bela amizade e um amor impossível ou, ainda, a impossibilidade de uma bela amizade entre duas pessoas tão sensíveis e cultas como Chow e Li-zhen. Os dois procuram ser sinceros um com o outro o tempo todo, mas, quanto mais são sinceros, mais se revela a impossibilidade de convivência. Quando Chow pergunta a Li-zhen se ela quer receber de presente uma bolsa idêntica à de sua esposa e, na mesma seqüência, ela lhe pergunta se ele quer receber uma gravata idêntica à de seu marido, há algo como um jogo de espelhos em cada pergunta: cada um coloca um espelho diante do outro, e cada espelho funciona como uma projeção de desejos e comparações.

A cumplicidade entre os dois é dissolvida à medida que ambos não conseguem dizer verdadeiramente que expectativas têm um pelo outro. O que fazer para não chocar e, ao mesmo tempo, manter a sinceridade? No instante em que Li-zhen pergunta a Chow se ele tem uma amante, ele lhe responde que sim, e ela fica chocada. Por isso, porque não quer vê-la chocada, ele lhe pede que volte a encenar a pergunta para que a resposta seja negativa; não obstante, ela não contém um novo choque. Qual a diferença entre um choque e outro? A verdade nua e crua é melhor que a encenação?

Com *Amor à flor da pele*, Wong Kar-wai mergulha no pantanoso terreno da sinceridade entre os amantes, terreno no qual ou não são exibidas placas de advertência ou, do contrário, são exibidas de modo velado. Presos a placas de advertência imaginárias ou não, Chow e Li-zhen acabam sucumbindo, pela incerteza e pelo silêncio, à tensão que os envolve.

Revista de Cinema, ano i, nº 11, março de 2001.

TRAFFIC

Traffic, de Steven Soderbergh, teve recepção dúbia da crítica e do público no Festival de Berlim deste ano, mas, em solo doméstico, foi eleito o melhor filme de 2000 pelo Círculo de Filmes de Nova York e, além disso, é um dos fortes concorrentes na corrida pelo Oscar (disputa as estatuetas de melhor filme, ator coadjuvante, direção, roteiro adaptado e montagem). Depois de *Erin Brockovich*, *Traffic* ratifica o ressurgimento de um diretor que despontou na cena independente americana. Com *Sexo, mentiras e videotape*, Soderbergh conquistou a Palma de Ouro em Cannes-89 e abriu caminho para que os independentes americanos se fizessem presentes como uma força competitiva nos anos seguintes com *Coração selvagem*, de David Lynch, e *Barton Fink*, dos irmãos Coen. Apesar do início promissor, o que Soderbergh filmou em seguida (*Kafka*, *Inventor de ilusões* e *Obsessão*) não teve boa acolhida nem de público, nem de crítica. Agora, de mãos dadas com os grandes estúdios e os grandes orçamentos – *Traffic* custou 50 milhões de dólares, foi produzido por Laura Biekford & Marshall Herkovitz e está sendo distribuído pela USA Filmes –, ele volta a incomodar.

Traffic – parcialmente baseado na minissérie britânica para TV – segue o fio narrativo de *Nashville*, de Robert Altman: três histórias distintas e vagamente interligadas mostram as diferentes faces do mundo do tráfico de drogas no eixo Tijuana – San Diego, fronteira do México com os Estados Unidos. Não se pode dizer que há uma narrativa principal, mas sim que elas se tocam nas fronteiras. Assim, Michael Douglas, um bem-sucedido juíz da Suprema Corte de Justiça de Ohio, é indicado para secretário nacional antidrogas. Só que, antes, tem que acertar as contas no próprio lar: a filha adolescente, criada com todo o carinho e conforto num ambiente liberal, é a melhor aluna num colégio de alto padrão: viciada em crack, convive entre colegas igualmente viciados e pequenos traficantes. Catherine Zeta-Jones é uma jovem socialite de San Diego que faz caridade para os pobres e vê seu mundo ruir quando o marido, chefe do cartel de Tijuana, é preso. Benício Del Toro é o policial da fronteira que convive no limite entre o mundo do crime e o da lei e, por isso, se angustia quando tem que escolher entre delatar ou silenciar para qualquer dos lados.

Os contrastes são claros. De um lado está Michael Douglas, que não conhece o mundo das drogas, pois vive num mundo à parte (apenas sobrevoa de helicóptero para ver, em tom sépia, a pobreza da cidade do México); não domina as regras básicas do submundo do crime. Como a filha, também usou drogas na adolescência, mas isso só quer dizer que ambos não têm a menor idéia de que gente como eles não passa de fantoche num mundo que lhes é totalmente alheio. De outro lado está Catherine Zeta-Jones, que – apesar do rosto angelical – sabe muito bem se movimentar no mundo das drogas quando é preciso: é ela quem joga charme para os policiais e negocia com os Obregons, o cartel rival, para recompor um mundo que está desabando. Já Benício Del Toro reflete o dilema de quem conhece os dois mundos, não se sente confortável em nenhum deles e sabe que não há saída para um problema que está além das boas intenções; as esperanças dele residem em pequenas ações, como propiciar uma iluminação adequada para que os adolescentes da periferia de Tijuana possam jogar beisebol à noite.

Soderbergh filmou cada uma das histórias com visuais distintos: o tom sépia para o que acontece no México, o filtro azul nas cenas domésticas do juiz da Suprema Corte e o estilo documental incorporado à ficção para mostrar a ação de policiais na fronteira e a da imprensa na cobertura do julgamento do chefe do cartel de Tijuana. Nota-se, com isso, uma ilusória preocupação didática: o que se vê é menos um didatismo do que uma preocupação simbólica. E, ainda que não seja novidade, há, nessa escolha (Soderbergh tem em mira *A Batalha de Argel*, de Gilo Pontecorvo), uma ousadia que não se pode negar, pois imagens chapadas e fragmentação narrativa incomodam quem espera ver algo mais convencional – no frigir dos ovos, *Traffic* não foi feito senão para o selvagem mercado norte-americano.

Então, o que há de mais elogiável em *Traffic* é que, pelas escolhas do diretor, suas narrativas caminham no fio da navalha: são convenientemente ousadas para um público pouco poroso a ousadias e, na mesma proporção, são concebidas para ficar nos clichês. Quando as narrativas caminham no fio da navalha, pode-se dizer que *Traffic* é um produto inegavelmente chique. Mas há desequilíbrios no meio do caminho, e isso o torna um filme com irregularidades indisfarçáveis.

REVISTA DE CINEMA, ANO I, Nº 12, ABRIL DE 2001.

VATEL

A corte de Luís XIV rendeu um dos grandes filmes de Roberto Rossellini (*A tomada do poder por Luís XIV*), as intrigas entre nobres e plebeus gerou aquele que, para muitos, é a obra-prima de Jean Renoir (*A regra do jogo*), jogos de sedução e relações de poder nas perversões sexuais são a chave para a adaptação que Stephen Frears fez de obra famosa de Choderlos de Laclos (*Ligações perigosas*) e o nexo entre gastronomia, prazer, suntuosidade e etiqueta é o mote para que o dinamarquês Gabriel Axel tenha legado um dos filmes mais cultuados dos últimos anos (*A festa de Babette*). O diretor inglês Roland Joffé – a partir de roteiro de Jeanne Labrune, adaptado para o inglês por Tom Stoppard – juntou esses fios para tecer *Vatel*.

Portanto, *Vatel* está em débito com as referências acima, e é isso que se vai mostrar adiante. Em 1671, as relações entre o rei Sol e o Príncipe de Condé não estão boas (na Fronda, anos antes, o Príncipe lutou ao lado dos inimigos do rei). Ocorre que a província do Príncipe passa por dificuldades financeiras e, para se reconciliar com o rei e salvá-la nada como recepcionar a corte por três dias em seu castelo, que fica na região de Chantilly. A fim de que a recepção seja a melhor, o Príncipe dá a François Vatel (Gérard Depardieu), um profissional aplicado e engenhoso, a tarefa de criar em pouquíssimo tempo todas as condições para uma festa suntuosa. Sua função é proporcionar aos convivas não só os prazeres gastronômicos, mas também uma série de espetáculos para o entretenimento da corte. Esse é o plano do Príncipe, pois o que interessa ao rei é contar com este para proteger a fronteira da França de uma eventual invasão da Casa de Orange (a monarquia holandesa). Nos primeiros minutos do filme, por meio de uma montagem extremamente concisa, é apresentada toda a gama de conflitos, interesses e antagonismos nos quais os personagens se movem como peças num tabuleiro de xadrez.

Vatel, em outro contexto, seria uma peça intermediária no jogo (trata-se de um homem de arte que, por conta de seus dotes fora do comum, está entre a realeza e o campesinato). Mas, do modo como o jogo transcorre, o sucesso da recepção e o futuro do Príncipe estão em suas mãos. Só que Vatel, um espírito cartesiano que quer se sentir seguro em todos os cantos por onde pisa (ele inspeciona os mínimos detalhes dos produtos comprados no mercado), acaba por se apaixonar por Anne de Montausier (Uma Thurman), uma candidata à dama da corte que é a preferida do Marquês de Lauzun (Tim Roth). E como Anne não corresponde às investidas do Marquês, Vatel acaba ficando exposto aos seus caprichos. Anne também é uma peça secundária no jogo e, em outro contexto – porque precisa sobreviver num mundo em que as posições hierárquicas são rígidas –, ela não teria como rejeitar as investidas do Marquês. Isso só é possível porque Anne é a escolhida para deitar na cama com o rei. Todavia, o que lhe escapa ao controle é que ela acaba se sentindo atraída pela simplicidade, gentileza e humanidade de Vatel; portanto, fica exposta às chantagens do Marquês. Como se vê, todos estão num jogo e, como participantes do jogo, estão presos a regras que lhe são constitutivas. O jogo não se realiza apesar das regras, e sim por causa das regras.

Há dois planos bem nítidos na narrativa de *Vatel*. Aquele que se refere ao modo como os diversos personagens ocupam posições no jogo e se movimentam, dependendo do contexto, com maior ou menor liberdade. Cada situação priva de poder quem, em outro contexto, faria uso absoluto do poder. O absolutismo do rei Luís XIV está presente nos menores gestos, nas insinuações mais insignificantes. Contudo, ele não pode esnobar o Príncipe de Condé se quiser proteger a fronteira da França. E há aquele que se refere ao modo pelo qual as paixões e as intrigas amorosas funcionam como contraponto aos prazeres simples da vida campestre. Toda a suntuosidade da recepção é falsa, por isso, é falso que o rei não perceba o artifício, que Vatel não perceba que não há grandes ideais, que a corrupção não cerca todas as peças do tabuleiro. Mas não é falso que num mundo de aparências as paixões e as intrigas amorosas caminham para a tragédia. E não é falso também que num mundo de aparências a tragédia não se inscreve como exemplo e sim como encenação.

Ao contrário das obras que lhe serviram de referência, *Vatel* acaba pecando, talvez, pelo maneirismo, pelo excesso, pela pretensão, pela superficialidade da narrativa. Mas, não se pode negar, mostra alguns detalhes de uma sociedade que, justamente, se sustentava da encenação, da futilidade. E, nesse sentido, não se pode dizer que *Vatel* seja um filme desprovido de interesse, pois esse não é um detalhe de pouca importância. Os temas de *Vatel* são emblemáticos; estão presentes em Wall Street e numa festa na periferia paulistana.

REVISTA DE CINEMA, ANO II, N° 14, JUNHO DE 2001.

A HORA DO SHOW

Com *Faça a coisa certa* (1989), Spike Lee acendeu uma discussão sobre as tensões raciais ao mostrar os dois lados do conflito sem cair num propagandismo simplista. Com esse filme, Lee apontou para uma discussão sobre a afirmação racial que, em certa medida, se opõe à dos filmes no estilo *blaxploitation*, do início da década de 70. A abordagem da questão racial em *Faça a coisa certa* segue caminho distinto daquela de filmes como *Shaft* (1971), de Gordon Parks, e *Sweet Sweetbacks's Baad Asssss Song* (1971), de Melvin Van Peebles. Para a geração *black is beautiful*, a afirmação racial passa pelo confronto com a ordem branca. Lee segue caminho distinto porque, embora não pareça, acaba por diluir as tensões; quem propõe o confronto não faz a coisa certa, eis a mensagem. É o que se pode ver também em *Malcom X* (1992), quando, por trás de um suposto elogio ao carismático líder da Nação do Islã, mostra menos uma defesa dos ideais de segregação e pureza embutidos nos discursos inflamados de *Malcom X* e mais uma defesa da inserção do negro na ordem da América.

Agora, com *A hora do show* (com câmeras digitais de vídeo e em estilo Dogma 95), Lee volta a destilar pistas falsas, recados enviesados, tanto para negros desavisados (propagandistas da ação afirmativa) quanto para brancos insuspeitos (intelectuais de linha de frente do multiculturalismo). Sim, *A hora do show* está repleto de ambigüidades. Em dada seqüência, é feita uma alusão ao escritor James Baldwin, para o qual o negro é aquele que faz o branco rir. Então, o negro é o artífice, mas, na mesma proporção, é apenas o instrumento. O negro se inscreve na ordem branca como uma concessão, ainda que sua presença seja necessária: é ele que faz o trabalho sujo, sem o qual a ordem branca não funciona. Ora, essa ambivalência está presente na narrativa, que mostra como Pierre Delacroix (Damon Wayans), um jovem escritor negro educado em Harvard e redator de uma emissora de televisão, tem de conviver com a pressão para produzir um trabalho que alcance altos índices de audiência, oscilando entre a afirmação pessoal no mundo dos brancos a partir de critérios dos próprios brancos e o reconhecimento de que não há afirmação possível para os negros senão pelo estereótipo, ou seja, num caso ou no outro tudo tão contrário ao estilo *blaxploitation*.

Delacroix, inicialmente, se inscreve no mundo branco justamente porque procura fugir ao estereótipo do negro que resiste à ordem branca. É um negro que se afasta dos "irmãos" (de músicos de rap e de garotos negros que dançam nas ruas para ganhar a vida) e se torna uma *persona* conhecida na mídia televisiva. Por isso, ele não é exatamente um negro, mas alguém sem identidade, que faz programas insossos abordando questões do universo Wasp. Porque está pressionado para produzir algo que dê audiência, Delacroix decide apresentar uma farsa inacreditável: traz do passado os shows de menestréis de "cara preta". São shows que envolvem toda a sorte de estereótipos sobre o papel do negro na sociedade, vistos em piadas escrachadas como preguiçosos, infantis, medrosos e coisas do tipo. Delacroix resgata essa tradição de estereótipos e dá o nome de "O Show do Menestrel do Novo Milênio". O programa se torna um fenômeno cultural, os índices de audiência estouram e Delacroix recebe ataques de todos os lados. Ao dar ao público o que o público quer, Delacroix é elevado à condição de gênio criativo, na mesma proporção em que cava o espaço para sua própria desgraça.

Assim, num primeiro momento, o mais recente Lee pode passar por uma sátira à presença negra nos programas televisivos da América. Só que, seguindo a dica do próprio Spike Lee, é uma sátira com "humor negro". Ou, de outro modo, embora com sinal trocado, *A hora do show* cai no estilo de confronto *blaxploitation*. Se na aurora do novo milênio Spike Lee entende que a afirmação racial passa pelo confronto, *A hora do show* é um belo exemplar propagandístico. É um filme feito para negros, para mostrar, pelo exemplo, como eles não devem agir, ou seja, o bem-educado Delacroix não é um bom exemplo. E aí Spike Lee não só estaria na contramão do "politicamente correto" (e em oposição aos seus filmes anteriores, ainda que estes não sejam exatamente "politicamente corretos"), como estaria de mãos dadas com a estética de confronto *blaxploitation*. Ocorre que, justamente por causa da ambigüidade narrativa, *A hora do show* pode passar por mais uma crítica ao mundo da mídia e, nesse caso, a questão racial não passaria de um pretexto.

Porque trabalha a narrativa fílmica no registro das pistas falsas, por meio de desconstruções dos sentidos possíveis, pode-se dizer que, independentemente de inovações ou de resgates temáticos, *A hora do show* provoca um incômodo inegável: não é mero entretenimento e, por isso, exige que o espectador tome posição sobre as imagens vistas. *A hora do show* é, antes de mais nada, como o show dos menestréis de que trata, uma intervenção provocativa.

REVISTA DE CINEMA, ANO II, Nº 15, JULHO DE 2001.

MOULIN ROUGE

Baz Luhrmann fez estréia no cinema com *Vem dançar comigo* (1993), filme apresentado no Festival de Cannes e que despertou a atenção da crítica para uma estética excessivamente visual e musical. *Romeu + Julieta* (1997), premiado no Festival de Berlim, dividiu opiniões e causou furor ao deslocar o foco da peça shakesperiana da tragédia para a espetacularização contemporânea. *Moulin Rouge – Amor em vermelho* (2001) segue a trilha de *Romeu + Julieta*. Tal qual na versão contemporânea de Shakespeare, Luhrmann pulveriza as convenções de tempo para criar um misto de farsa e drama musical com uma recriação digital da Paris da *belle époque* que, mostrada na forma de Cartum, está próxima do universo *pop art*. De fato, Andy Warhol, Roy Lichtenstein e o Stúdio 54 estão tão presentes em *Moulin Rouge* quanto o cancã, o impressionismo, a *flânerie* e a boemia literária *fin-de-siècle*.

O herói de *Moulin Rouge* chama-se Christian (Evan McGregor), um dos muitos talentosos escritores que correm atrás do sucesso na glamourosa Paris do final do século XIX. Para encontrar a matéria de seus escritos, ele vai buscar inspiração no submundo da prostituição e do espetáculo. E o lugar emblemático é o bordel Moulin Rouge, ponto de encontro de aristocratas, burgueses, bêbados, rufiões, artistas e oportunistas de todo tipo. No Moulin Rouge ele encontra Satine (Nicole Kidman) – a cortesã mais famosa da cidade – e se apaixona perdidamente por ela, mas ela fora encomendada pelo Duque de Worcester.

Embora seja carta fora do baralho, Christian usa seus dotes de escritor para conquistá-la e escreve uma peça musical na qual ele e o Duque e Satine são caricaturados. Na peça escrita por Christian a ação se passa na distante Índia dos marajás. Assim, até o final, a trama de *Moulin Rouge* oscila entre a farsa e o drama musical.

Nos filmes de Luhrmann é possível detectar uma evidente ruptura de fronteiras entre épocas e estilos, um uso de tintas do passado para dialogar com o presente. Só que esse passado não pode ser entendido como uma ilustração (não há toque moralista em seus filmes). Luhrmann não é um moralista que se apropria do passado para entender o presente ou que toma o passado como exemplo para criticar ou lançar luz sobre o presente. Não se pode dizer que filmes como *Romeu + Julieta* e *Moulin Rouge* permitam uma melhor compreensão do presente a partir do passado. *Moulin Rouge* não é nem um quadro de época nem um presente pintado a partir do passado. Trata-se, pois, de um filme que mostra um mundo intensificado, ao mesmo tempo exótico e facilmente identificável. Numa dada seqüência, são feitas referências à Tiffany's e à Cartier, e essas referências – um anacronismo deliberado – o aproximam mais da *pop art* do que do impressionismo. E, ainda, a trilha musical deixa Saint-Säens de lado e celebra David Bowie.

Quem quer que veja *Moulin Rouge* pela referência ao passado ou pela estrutura narrativa (no frigir dos ovos, um melodrama convencional), fatalmente irá se decepcionar. *Moulin Rouge* é um espetáculo visual, um filme em que as imagens computadorizadas, os figurinos, a categoria e os cenários de papelão se sobrepõem à narrativa. É, como as imagens de abertura e encerramento, um espetáculo dentro do espetáculo ("Espetacular! Espetacular! Espetacular!", aliás, é o título da peça escrita por Christian).

Para quem está afinado com a *pop art*, *Moulin Rouge* é algo como a versão cinematrográfica de Marilyn Monroe de Andy Warhol, ou seja, uma obra cujo sentido está no contexto, na decodificação das referências. Sua força, por isso, numa sociedade de espetáculo, reside em seu grande poder de descartabilidade. É ver (usar) e virar a página. O que fica não é a obra (sua materialidade, por assim dizer), mas uma certa compreensão do contexto em que foi realizada.

Revista de Cinema, ano II, Nº16, agosto de 2001.

FAST FOOD, FAST WOMEN

Woody Allen foi o primeiro grande cineasta de origem judaica a tratar com fina ironia os encontros e desencontros amorosos de personagens de classe média que trafegam por Nova York. Por isso, alguns de seus filmes funcionam como crônicas da cidade, fragmentos do cotidiano plasmados em imagens. Amos Kollek (também de origem judaica) usa a mesma fórmula de Allen e aponta suas lentes para o dia-a-dia de Nova York. Foi assim em *Goodbye, New York* e é o que se pode ver também em seu filme mais recente: *Fast food, Fast women*.

Nesse filme, Kollek mostra os acertos e desacertos da vida a dois em Nova York, a partir de um fio tênue: o jogo de aparências entre casais. Se as aparências falseiam qualquer possibilidade de felicidade conjugal, é ela, contudo, pelo menos na visão de Kollek, o elemento que realiza uma felicidade falsa, mas a única possível. Uma vez que, numa cidade como Nova York, os encontros são fortuitos, cada rosto esconde segredos e fantasias incomunicáveis: está fora de cena, por isso, qualquer sinceridade além das aparências.

Na trama, Bella, uma garçonete prestes a completar 35 anos, está descontente com o amante, com o qual mantém um caso há treze anos, e busca novas emoções com Bruno, um motorista de táxi que foi abandonado com dois filhos pequenos pela mulher. Bruno, por sua vez, ao mesmo tempo que se apaixona por Bella e se mostra um pai dedicado, caminha para o bizarro ao realizar seus fetiches com Emily, uma viúva que se aproxima dos 70. E esta fica desconcertada com o pedido de Paul – um viúvo melancólico que vê pouco sentido no contato humano – de começar uma nova vida juntos. Emily e Paul, aliás, são o casal que carrega a mensagem marcante do filme: a vida a dois se resume a prazeres simples, fugazes e, igualmente, falsos; as aparências sustentam o terrível fardo da convivência. São dois corpos decadentes que se esmeram em disfarçar a corrosão que o tempo lhes impôs.

É com esse material que Kollek retrata as angústias e frustações de personagens que se perderam no tempo, o qual, a partir de certo momento, corre tão rápido quanto as futilidades iluminadas pela cidade moderna. Em *Fast food, Fast women* esses elementos são tratados de modo tão sutil quanto corrosivo, o que o torna um bom exercício para catarse.

REVISTA DE CINEMA, ANO II, N° 17, SETEMBRO DE 2001.

O QUARTO DO FILHO

Ao contrário de alguns de seus contemporâneos – notadamente Giuseppe Tornatore e Roberto Benigni –, Nanni Moretti é um discreto diretor italiano que só agora, depois de mais de vinte anos de estrada e alguns *cults* na bagagem, como *Ecce Bombo* (1978) e *Caro diário* (1994), ganha projeção internacional para além das fronteiras da Itália e do círculo de cinéfilos com *O quarto do filho*, filme que levou a Palma de Ouro em Cannes e o Donatelo, algo como o Oscar do cinema italiano.

Depois da geração de Fellini, cuja temática era acentuadamente voltada para o comportamento das pessoas numa sociedade em mudança, o cinema italiano tem legado, nas duas últimas décadas, alguns filmes que se voltam para a temática familiar, mais precisamente, para os dramas e as neuroses que resultam das normas tácitas nas relações domésticas. É o caso em pelo menos duas obras marcantes: *A família* (1986), de Ettore Scola, e *Parente é serpente* (1993), de Mario Monicelli. Ainda que, num primeiro momento, *O quarto do filho* possa ser visto quase que exclusivamente pelo viés doméstico, em oposição aos filmes de Scola e Monicelli, que abordam os dramas e as neuroses que resultam da convivência familiar, o filme de Moretti está quase que totalmente despido desses elementos. De fato, *O quarto do filho* mostra uma família muito unida numa pequena cidade italiana; o pai, Giovanni, é um psicanalista que convive harmoniosamente num clima liberal com sua bela esposa e um casal de filhos adolescentes; tudo transcorre de maneira idílica. No consultório – contíguo ao apartamento onde mora – seus pacientes revelam uma existência em forte contraste com a tranqüilidade que o cerca.

Ocorre que a temática familiar é o pano de fundo para uma visada mais complexa: tratar, de modo terno e sutil, da reação de Giovanni diante da perda inesperada do filho e do papel da fortuna na realização da felicidade individual. Moretti escapa da fina película que reveste a conveniência familiar e ingressa num terreno tão pantanoso quanto desconhecido. Como o próprio título sugere (no original *La stanza del figlio*; e Stanza em italiano remete à memória do que está protegido da ação externa), trata-se de um mergulho no quarto do filho, cujo desaparecimento deixa a lembrança para ser guardada.

A psique de um personagem diante do sentimento de perda foi bem explorada por Kieslowski em *A liberdade é azul* (o próprio Moretti, numa entrevista, diz que se sente em débito com este diretor polonês), a diferença entre ambos é que no filme de Moretti não está em pauta tanto a busca da redenção ou da reconstrução da vida a partir da perda. O que se apresenta em *O quarto do filho* é principalmente a possibilidade de reflexão sobre o sentido da felicidade diante da vulnerabilidade da vida. Para Giovanni, para o psicanalista acostumado a lidar com os problemas dos outros, seu mundo (seu lar) é perfeito; sua felicidade é conseqüência natural de sua condição e nada poderia atacá-la. Entretanto, a fatalidade – os infortúnios do destino – o leva a racionalizar sobre pequenos detalhes do cotidiano que poderiam ter evitado sua dor ao imaginar uma reconstrução do que teria acontecido se ele não fizesse o que fez; ao reagir assim, ele procura, de forma obsessiva, localizar sua responsabilidade mais ínfima na perda do filho. É pelo ressentimento que ele sublima a dor e dá novo sentido à sua vida.

O que está em jogo, então, quando se tem em vista a realização da felicidade individual (Paola, esposa de Giovanni, reage de modo diverso: ela se resigna e sua resignação, pela narrativa proposta por Moretti, só pode ser considerada a partir da reação do marido), é o paroxismo que se apresenta em nossa liberdade de escolha: escolhemos um mundo nas nossas ações aparentemente mais insignificantes, e o que se abre é a contingência. Feita a escolha, não há como determinar os rumos dos acontecimentos. Giovanni é o único responsável tanto por sua felicidade (é o que as escolhas na seqüência final sugerem) quanto por sua infelicidade, mas, para seguir o mote existencialista no qual o filme se apóia, ele só é livre na escolha.

O quarto do filho seria apenas um melodrama se não fosse narrado de modo elíptico e num ritmo que dosa sensibilidade e razão no nível adequado para exigir do espectador uma reflexão sobre os condicionantes da felicidade humana. Trata-se, pois, de um filme com uma narrativa requintada (alguns diálogos e seqüências se explicam tão-somente pela sugestão) e um tema complexo; a ser visto com o cuidado e a delicadeza que suas imagens evocam.

A CAMINHO DE KANDAHAR

A caminho de Kandahar, de Mohsen Makhmalbaf – o mesmo que dirigiu o cultuado *Salve o cinema*, uma espécie de tratado pessoal sobre a força de uma câmera, da mídia e do fascínio que a imagem exerce sobre as pessoas –, causou furor na 25ª Mostra BR de Cinema. Longas filas foram formadas para assistir a esse filme iraniano que mostra belas paisagens da fronteira entre o Irã e o Afeganistão e, ainda, trata da situação da mulher sob o domínio dos Talebans. Isso, indiscutivelmente, se explica com facilidade: o Afeganistão ganhou a mídia global depois dos recentes atentados ao WTC e o islamismo – as questões culturais e religiosas que estão em seu entorno – tem ocupado as atenções dos mais diversos especialistas e do público em geral. Logo, um filme que mostre o Afeganistão desperta, no momento, um interesse que vai além do cinema; instiga uma curiosidade que estaria adormecida em outro contexto. Faz-se, então, necessário afiar o olhar para separar o que reside no domínio exclusivo da curiosidade do que está além da mera curiosidade turística.

A *caminho de Kandahar* pode ser visto por contraste com *O círculo*, do também iraniano Jafar Panahi, ganhador do Leão de Ouro em Veneza no ano passado. Ambos mostram a condição da mulher numa sociedade islâmica. No filme da Panahi, que possui uma estrutura narrativa simples e sugestiva, três mulheres fogem da cadeia, perambulam pelas ruas de Teerã e no final são recapturadas. O humanismo de *O círculo* é expresso através do plano-seqüência, do movimento de câmera na mão e do plano fixo, o que possibilita a percepção da psique das mulheres, de que elas estão numa posição subalterna na sociedade. Apesar da força expressiva das imagens, da contundência com que a trama se desenlaça e de seu inegável engajamento, *O círculo* passou quase que despercebido quando esteve em cartaz. *A caminho de Kandahar*, guardado o contexto, parece fadado a se constituir no programa *cult* da estação; por isso, é oportuno destacar as diferenças entre este filme e o de Panahi.

No filme de Panahi, os personagens são anônimos, se movimentam num espaço claustrofóbico e há apenas indicações de seus sentimentos, seus medos e da posição que ocupam na situação em que vivem; estão, pois, confinados num mundo cujos valores são pouco porosos à alteridade; ou seja, Panahi, ao mesmo tempo que dá pistas sutis para que um olhar estrangeiro possa entender o que se passa, faz um recorte a fim de que qualquer espectador veja no drama das iranianas os sinais de que a emancipação daquelas mulheres, no contexto narrado, carece de significado. A mensagem deixada por Panahi, por isso, é radicalmente pessimista: não há saída fora do círculo. Makhmalbaf, em contraste, olha o Afeganistão e a condição das mulheres pelos olhos de uma exilada. Nafas é uma jovem jornalista afegã refugiada no Canadá; sua irmã mais nova, que ficou em Kandahar, lhe escreve uma carta desesperada, na qual revela ter decidido cometer suicídio no dia do último eclipse do milênio. Nafas, então, ruma ao Afeganistão para tentar demover sua irmã da intenção suicida. Por meio de planos gerais inquietantes (como aquele em que se vê pernas ortopédicas caindo, lentamente, de pára-quedas, enquanto uma horda de homens mutilados por minas de guerra corre desesperadamente para pegá-las) e *closes* (a câmera aponta discretamente para os rostos das mulheres cobertos pela burka), Makhmalbaf mostra a odisséia de Nafas para tentar chegar a Kandahar antes do eclipse fatal.

Ao tratar da condição da mulher sob a milícia Taleban, Makhmalbaf dá margem, inevitavelmente, a algumas questões: *A caminho de Kandahar* não corre o risco de tornar o mundo retratado tão exótico que seja impossível aos olhos ocidentais compreender as peculiaridades do "Outro"? Ora, se a denúncia se fixa na ausência de liberdade das mulheres afegãs, é igualmente certo que a composição de Nafas revela menos uma afegã do que uma ocidental. Então, a dificuldade é: que peculiaridade da mulher islâmica deve ser preservada para que ela não se confunda com uma ocidental?

Outra questão que não pode ser desprezada: *A caminho de Kandahar* vai além da estação? Ou seja, o filme de Makhmalbaf tem fôlego para suportar a passagem do tempo e se constituir numa referência para a discussão de um tema que extrapola os condicionantes do momento? Pois não se pode dizer que fora do contexto *A caminho de Kandahar* teria, junto ao público, destino mais promissor do que *O círculo*. Assim, para além do inegável valor do filme de Makhmalbaf, não há como não considerar que ele corre enorme risco de ser superestimado; e por isso suas falhas (a psique de Nafas é pouco nuançada, o que dá à narrativa um tom exageradamente maniqueísta) fiquem adormecidas.

REVISTA DE CINEMA, ANO II, Nº 20, DEZEMBRO DE 2001.

TERRA DA NINGUÉM

A desintegração da Iugoslávia na década de 90, como rescaldo da derrocada do comunismo no Leste europeu, derivou naquela que, talvez, seja a Guerra Civil mais sangrenta dos 90 (pelo menos aos olhos da mídia internacional: Ruanda, Angola e Chechênia propiciaram espetáculos bélicos menos interessantes). Não é o caso, aqui, de entrar no mérito do porquê de a carnificina nos Balcãs chamar a atenção da imprensa internacional e de alguns "intelectuais engajados" (Bernard-Henri Lévy, com seu documentário *Bósnia*, realizado em 94, esteve à frente de uma polêmica sobre essa guerra), mas apenas e tão-somente lembrar que a chamada guerra da Bósnia rendeu um dos mais cultuados filmes da década: *Antes da chuva* (1984), de Milcho Manchevski, prêmio de público na 18° Mostra de Cinema de São Paulo.

Antes da chuva, feito no calor dos acontecimentos, estetiza as misérias decorrentes da guerra. Passado o tempo, assim como a força das paixões e o modismo, não se pode dizer que sua carga dramática – moldada numa estética MTV – tenha resistido à corrosão dos anos; não se pode dizer que, para além do documental, seja um exemplar marcante das inquietações humanas que são propiciadas por esse gênero complexo que é o filme de guerra; inquietações que estão inequivocamente presentes em *A grande ilusão*, de Jean Renoir, *Verão violento*, de Valério Zurlini, ou mesmo, nos 90, em *Além da linha vermelha*, de Terrence Malick (este usa a guerra como pano de fundo para mostrar como as tensões afetam o caráter das pessoas). De qualquer forma, a guerra da Bósnia ainda não caiu no esquecimento e o mais recente exemplar desse infausto acontecimento é *Terra de ninguém* (segundo filme do bósnio Danis Tanovic), que levou o prêmio de melhor roteiro em Cannes 2001.

Terra de ninguém, ao contrário de *Antes da chuva*, possui uma estrutura narrativa linear e peca pela ausência de originalidade. Os ecos vêm de *Inferno no Pacífico* (1968), de John Boorman, e *A montanha dos sete abutres* (1951), de Billy Wilder. Como o primeiro, coloca dois inimigos de guerra – um sérvio e um bósnio – numa situação-limite: a contingência os confina a um espaço – uma trincheira – no qual conviverão por alguns momentos. Não é possível, para qualquer um dos dois, escapar com vida sem a colaboração do outro; o que resta, então, para cada um, é a tentativa de delimitação do mínimo de humanidade para que ambos possam se safar da situação em que se encontram. Como o segundo, há a presença da mídia, de jornalistas que agem inescrupulosamente ao explorar uma situação patética e retirarem dela o mínimo de humanidade que comporta.

Ocorre que, além dos dois infortunados que se encontram na linha de tiro, há um terceiro, um bósnio preso em uma mina que está irremediavelmente condenada a explodir. A intervenção da ONU faz-se necessária para impedir que os três sejam lançados para o ar. Tanovic explora, então, duas temáticas presentes num contexto explosivo.

De uma parte, as questões que se colocam quando nenhum dos lados pode abrir mão de sua posição sem que isso torne absurdo aquilo que defendem: como agir em nome da humanidade diante de alguém que representa algo que destruiu minha cidade, minha família, meus momentos mais íntimos? Ou seja, a justificativa para a ação na guerra não pode ser outra coisa senão destruir quem quer que possa me destruir. De outra parte, como, numa sociedade de espetáculo, escapar à exploração da guerra? Na "terra de ninguém", ninguém quer a guerra, entretanto ela alimenta as confortáveis redações de imprensa pelo mundo e – na mesma proporção – o hedonismo de burocratas das ações humanitárias.

Essas temáticas são exibidas num registro que procura manter uma posição de neutralidade. Ambos os lados podem apresentar as mais diversas razões para justificar a barbárie e, na mesma medida, a irracionalidade leva cada qual a cometer atrocidades que ferem qualquer resíduo de humanidade. O que se vê, pois, em *Terra de ninguém* é uma tentativa de neutralidade (fora de questão que o espectador pode enxergar nos movimentos dos personagens os sinais de que uma mão bósnia fez os retoques finais) que carrega a seguinte mensagem: num contexto em que o ódio e as pulsões imperam, não há delimitação do mínimo de humanidade.

Com isso, o filme de Tanovic apresenta um quadro excessivamente pessimista das misérias e das patologias humanas. De sorte que a expressão "terra de ninguém" acaba aludindo à impossibilidade de diálogo numa situação-limite. Trata-se, pois, de um filme que prima principalmente pela mensagem. Justamente por isso, não se pode esquecer que, para além do tom ilustrativo desta e da conveniência narrativa, *Terra de ninguém* é um pasticho que conjuga *Inferno no Pacífico* e *A montanha dos sete abutres"*.

REVISTA DE CINEMA, ANO II, Nº 21, JANEIRO DE 2002.

UMA MENTE BRILHANTE

Depois do frustrante *Apollo 13*, em que uma malograda experiência espacial – no clima de Guerra Fria do início dos 70 – funciona, paradoxalmente, como pano de fundo para a exaltação da determinação e do patriotismo americanos, Ron Howard dá um passo atrás no tempo e volta para os anos 50, época do macarthismo, para focar uma dentre as diversas paranóias de afirmação e de defesa americana num período bem agudo de troca de segredos e espionagem que giravam em torno da ameaça atômica e nos apresenta *Uma mente brilhante*, que granjeou quatro Globos de Ouro e, ainda, recebeu oito indicações para o Oscar. *Uma mente brilhante*, baseado na biografia homônima da jornalista Sylvia Nasar, mostra a vida do matemático John Forbes Nash Jr., ganhador do Prêmio Nobel de Economia em 1994 por sua teoria do jogo e da decisão.

A vida de John Nash deu um bom roteiro hollywoodiano, porque se trata de uma figura que chega ao curso de matemática em Princeton, no final dos 40, e que revela, ao mesmo tempo, um gênio cuja excentricidade oscila entre tiques e inadequação à convivência social e, ainda, uma obsessão desmedida pela idéia de que é capaz de produzir qualquer coisa de absolutamente original para o conhecimento do mundo. Até aí, tudo bem. Esse, aliás, é um filão que foi explorado por filmes tão diversos quanto *O Professor Aloprado* e *Glen Gould: variações de Goldbach*. Ou seja, é um tema que se presta tanto ao olhar cômico – com os inevitáveis clichês em torno da relação entre desajuste às conveniências e genialidade criativa – quanto à tentativa de olhar para o problema do gênio que tem de enfrentar as limitações da anormalidade. É um tema, então, que pode agradar ao público na mesma medida em que fortalece os preconceitos sobre as condições que favorecem a criação de uma obra singular. Não raro – e o humor de *O Professor Aloprado* vai nessa direção –, a percepção do espectador é de que os tiques são tão quanto, senão o elemento mais importante no processo de criação.

A relação entre inadequação social e genialidade já daria um excelente roteiro, mas *Uma mente brilhante* explora outro filão que rendeu algumas das obras-primas do cinema: a paranóia anticomunista na época da "caça às bruxas". Quanto a isso, o medo que os americanos tinham de que pudessem perder o controle da energia nuclear ou de que fossem surpreendidos por um ataque atômico de surpresa é mostrado em *A morte num beijo* e *Dr. Fantástico*. O filme de Howard explora esse mesmo filão no momento em que o Professor Nash, depois de fazer uma brilhante e original contribuição científica, passa a usar sua genialidade para decodificar mensagens para a "inteligência" americana, que vê a integridade da nação ameaçada com a presença de espiões russos que trafegam, por meio de uma linguagem codificada em magazines populares, segredos sobre a bomba atômica. Ocorre que, no quadro da Guerra Fria, o Professor Nash não é o herói americano que salva a nação da ameaça comunista, pois tudo não passa de imaginação: o matemático excêntrico e genial também sofre de esquizofrenia. É perseguido por surtos de paranóia. Não usa, pois, sua brilhante inteligência para proteger a nação: sua megalomania converte-se, com isso, em pesadelo. Ele não consegue separar a realidade da ilusão.

Apresentado dessa maneira, o filme de Howard contém todos os ingredientes de uma história emocionante, dessas que fazem o espectador descarregar suas emoções e que justificam uma enxurrada de prêmios da Academia. Então, *Uma mente brilhante* não decepciona exatamente porque trabalha temas complexos com o fim de agradar quem quer veja apenas a capa dos problemas. O conflito entre loucura e genialidade se resolve na medida em que a obra é, num passe de mágica, reconhecida; a paranóia anticomunista na época do marcathismo não passou de um profundo mal-entendido: "a caça às bruxas", no fundo, não passou de um processo esquizofrênico.

Porque trata de temas complexos despindo-se de qualquer cromatismo, *Uma mente brilhante* é desses filmes que, na primeira seqüência, já antecipa tudo que vem adiante. É, pois, um *déjà-vu* apropriado para ganhar alguns prêmios da academia e, igualmente, não decepcionar quem quer que ache que um filme deve ser perfeitamente ajustado – no ritmo e na trama – para o gosto do maior público possível. Uma vez que *Uma mente brilhante* contém ingredientes que sugerem um acerto de contas com a paranóia anticomunista, pode-se dizer, por isso, que não passa de um mal-entendido sugerir que se trata de um filme que mostra os conflitos entre loucura e genialidade.

REVISTA DE CINEMA, ANO II, N° 23, MARÇO DE 2002.

UM CASAMENTO À INDIANA

A indústria cinematográfica indiana (Bollywood) é a maior produtora de filmes do mundo. Entre dramalhões, programas de TV e musicais (recentemente a estética desses musicais influenciou Baz Luhrmann em *Moulin Rouge*), são aproximadamente novecentos filmes por ano, que são exibidos para milhões de espectadores no Oriente Médio, na África e no Sudeste Asiático. Apesar de produzir filmes em baciadas, a filmografia indiana (ao contrário da iraniana, por exemplo) é pouco conhecida no Brasil. De fato, o cineasta hindu mais importante, Satyajit Ray – cujos filmes mais significativos foram exibidos na versão 2000 da Mostra de Cinema de São Paulo –, é conhecido apenas num ciclo de cinéfilos. E o outro representante de projeção internacional, Mira Nair – que trata de temas controversos como romances inter-raciais (*Mississipi Alasala*, 1991) e lesbianismo (*Kama Sutra*, 1996) –, passou meio despercebido aos olhares de público e crítica. Em seu mais recente trabalho, *Um casamento à indiana* (vencedor do Leão de Ouro no Festival de Veneza de 2001), no entanto, Mira Nair abre mão de temas polêmicos e pode ser apreciada principalmente por apresentar uma comédia tão leve quanto despretensiosa.

Um casamento à indiana concentra-se nos quatro dias que antecedem o casamento de Adit, filha única da família Verma. Durante esses dias, 68 personagens se movimentam nas dependências de Lalit Verma, o pai de Adit. E, como conseqüência, várias histórias e emoções se entrecruzam num painel digno de Robert Altman (sem que, contudo, sejam marcadas pelo humor cáustico de um *Short cuts* ou de um *Assassinato em Gosford Park*). Lalit é um homem simples, apegado aos valores da família e da cultura hindu, e que tem pouca paciência com os hábitos ocidentalizados de alguns de seus parentes. Lalit vive uma relação aparentemente bem acomodada com Pimmi Verma, sua esposa, preocupa-se com os gastos excessivos que está tendo para realizar a festa de casamento, sofre com a partida da filha e com a ociosidade do filho caçula. Adit, por sua vez, mal conhece o noivo e está angustiada, pois não gostaria de romper o relacionamento que mantém com um apresentador de TV. Hermant, o noivo, é um engenheiro indiano que mora em Houston e volta para a Índia só para se casar com Adit. Ria, a prima que ouve os segredos de Adit, guarda, ela própria, um segredo que irá abalar a estrutura da família e os caminhos da festa. Todo o cenário para a cerimônia de casamento é organizado por Dubey, um homem sensível, que representa a classe média hindu em ascensão na Nova Delhi globalizada, e que se encanta com Alice, a empregada dos Verma.

Um casamento à indiana confronta duas perspectivas. Uma que se refere aos valores próprios da cultura hindu; mais precisamente, os hindus aos quais os Verma pertencem: a classe média Punjabi. Para estes, o casamento é um momento em que todos os que são reconhecidos como membros da família se reúnem na casa do pai da noiva, onde bebem, cantam, dançam, contam velhas histórias e realizam rituais próprios aos hindus desse estrato social. Por essa perspectiva, o espectador ocidental pode ver, por exemplo, como o sentimento de intimidade de um certo tipo de classe média hindu guarda peculiaridades que lhe são próprias. A outra perspectiva que se abre em *Um casamento à indiana* é aquela que se relaciona à presença ocidental (vale dizer: a americana) na vida dos punjabis. Apesar da pouca paciência com os parentes ocidentalizados, Lalit se exibe jogando golfe com amigos; o uso constante de celulares e a presença de avançados aparelhos eletrodomésticos dão o tom de como as pessoas que cercam os Verma incorporam certos modos de vida que são estranhos aos seus costumes tradicionais. Essa perspectiva evidencia, então, que os personagens retratados por Mira Nair não estão imunes ao vírus globalizante.

Uma possível deficiência em *Um casamento à indiana* é que Mira Nair dá um tratamento cosmético aos problemas dos diversos personagens que circulam nas dependências dos Verma. Ainda que essa observação proceda, não se pode perder de vista, contudo, que Mira Nair concebeu, antes de qualquer coisa, um filme otimista e absorvente. Desses que deixam a sensação de que as emoções e os desacertos numa família de classe média punjabi diferem pouco dos de uma família emergente paulistana (tanto em seus elementos globais, quanto em suas idiossincrasias domésticas). Com isso, porque exibe certa promiscuidade familiar, o filme de Mira Nair cativa qualquer espectador mais sensível à banalidade da vida doméstica. *Um casamento à indiana*, de fato, provoca a sensação de que, no lar, tudo está bem quando tudo termina bem.

REVISTA DE CINEMA, ANO III, Nº 28, JUNHO DE 2002.

8 MULHERES

A recente filmografia francesa tem se dividido entre filmes que, dentro de uma estética de feição pós-moderna, primam principalmente pelas concessões ao gosto do público (os exemplos mais salientes são: *Joana D'Arc*, de Luc Besson, e *O fabuloso destino de Amélie Poulain*, de Jean Pierre Jeunet) e filmes que focalizam com realismo, de um lado, as tensões culturais da França atual (*A cidade está tranqüila*, de Robert Guédiguien) e, de outro lado, as complexas relações familiares e conjugais (*A mulher e o atirador de facas*, de Patrice Leconte). Nesse cenário, a obra de François Ozon está atada a estes últimos, porquanto sua atenção aponta para o ambivalente universo das relações familiares e sexuais. É caso de *Gotas d'água em pedras escaldantes* – uma filmagem de peça homônima de Fassbinder, com a qual ele tratou, de modo soturno, da complexa relação sexual entre um bem-sucedido executivo de meia-idade e um jovem e carente escroque; e também de *8 Mulheres*, obra com a qual Ozon exibe um humor mordaz e afiado ao destilar as obsessões e perversidades sexuais e sociais em uma família de classe média alta decadente francesa dos anos 50.

A trama de *8 Mulheres* gira em torno do assassinato de um homem de negócios falido, às vésperas do Natal, em sua própria casa: uma mansão isolada que está coberta pela neve. A vida desse magnata é afetada diretamente pela presença de oito mulheres: sua esposa, duas filhas jovens, a amante, a sogra, a irmã, a cunhada e a empregada. Todas estão na mansão na manhã em que o corpo é encontrado. Como, por causa da neve que cobre a entrada, não havia a possibilidade de ninguém sair ou entrar, todas são suspeitas de terem cometido o assassinato. É aí então que, entre elas, se estabelece um jogo de manipulação da verdade e de hipocrisias. Nas circunstâncias do assassinato, nenhuma apresenta um álibi que evidencie que é inocente; e, ainda, todas teriam motivos para cometê-lo.

Pela maneira como os personagens de *8 Mulheres* são modelados, há fortes razões para acusar François Ozon de antifeminista. Ora, trata-se de um filme que mostra um homem completamente exaurido pela presença, justamente, de oito mulheres. E não se pode negar que seu assassinato resulte da presença de mulheres tão obcecadas por dinheiro quanto perversas na forma como se relacionam, na mesma proporção, entre si e com os homens. De fato, cada qual, por meio de chistes convenientemente calculados, revela uma maneira própria de manipular informações, de inverter os códigos de expectativas sociais e de sugerir um clima de ambivalência sexual e moral que parecem indicar o quanto elas desarranjam a ordem das coisas. Entretanto, Ozon parece apontar para o norte e caminhar para o sul: o antifeminismo de *8 Mulheres* é diluído na medida em que se pode notar que as obsessões e perversidades de cada uma são o fermento para a crueldade de um homem que esconde seus instrumentos de dominação. No jogo de obsessões, perversidades e crueldades entre as mulheres e o homem retratados no filme, a diferença é que, para o último, esses elementos estão confortavelmente ocultos: trata-se de um personagem que não entra em cena. E, embora não apareça, é a presença do assassinado que desarranja a ordem das coisas, uma vez que, vivo, seus caprichos alimentaram o clima de hipocrisia e de ambivalência moral e sexual entre as mulheres. De modo que é dessa diferença entre o oculto e o evidente que, talvez, se possa dar sentido ao desfecho um tanto quanto surpreendente de *8 Mulheres*.

Depois do afetado *Sitcon* e do soturno *Gotas d'água...*, *8 Mulheres* ratifica que Ozon é, no momento, o cineasta francês mais afiado na arte de transformar os elementos de uma peça teatral num filme preciso e cuidadoso na orquestração de câmeras e na condução de atores. É pelo refinamento dos diálogos – que deixam o espectador com uma constante sensação de *nonsense* –, pelo clima de investigação das patologias domésticas e pela mordacidade da trama que Ozon lembra ao espectador que, por trás de rostos angelicais, podem estar escondidos desejos e pulsões reprimidas. E é a partir dessa lembrança que se pode dizer que *8 Mulheres* guarda muito do Buñuel de *O discreto charme da burguesia*, do Mario Monicelli de *Parente é serpente* e do Carlos Saura de *Cria cuervos* (uma música aparentemente ingênua funciona como um coro e anuncia a tragédia em que todos estão enlaçados). Por isso, pode-se objetar que Ozon apenas retoma temáticas já há muito explorada no cinema. Entretanto, principalmente porque causam mal-estar e instigam discussões sobre desvios nos comportamentos sexuais e sociais, é gratificante ver como Ozon retoma e retrabalha, com sutileza e pertinência, alguns velhos temas sobre a classe média que, apesar da passagem do tempo, ainda são colocados embaixo do tapete.

REVISTA DE CINEMA, ANO III, N° 27, JULHO DE 2002.

A COMUNIDADE

Depois da geração de Pedro Almodóvar e de Bigas Luna, surgida no momento da redemocratização da Espanha, despontou, na década de 90, uma nova geração de cineastas espanhóis, tendo à frente nomes como Fernando Leon Aranoa (*Segredos em família*), Alejandro Amenábar (*Os outros*) e Alex de la Iglesia, que assina, entre outros, *El dia de la bestia*. Desses, o público brasileiro poderá apreciar nos próximos dias a mais recente película de Iglesia, *A comunidade*, cuja passagem pelo Festival de San Sebastian deixou boa impressão na crítica e no público. Tanto quanto seus contemporâneos e a geração que o precedeu, Iglesia envolve o espectador com um humor cáustico (às ações domésticas e às instituições espanholas é dado um tratamento corrosivo) e, ainda, agrega umas pitadas de terror num estilo HQ numa trama cuja evolução (marcada pelo suspense claustrofóbico) é uma homenagem ao mestre Hitchcock.

A comunidade tem como ponto de partida a morte de um velho excêntrico que habita em um apartamento de ares *trash* em um prédio decadente de Madri. A história ganha contorno quando Júlia (Carmen Maura), uma corretora de imóveis, tenta alugar um apartamento magnificamente mobiliado no prédio em que o velho morava (portanto, em forte contraste com as acomodações dos vizinhos) e, depois de algumas situações que envolvem um tanto de imprevisto e outro tanto de curiosidade, acaba descobrindo que o velho deixara 300 milhões de pesetas debaixo do chão de seu apartamento. O que Júlia vem a descobrir em seguida é que a fortuna do velho é resultado de um prêmio de loteria e que sua incrível sorte é acompanhada pelos vizinhos do condomínio, que não a deixarão em paz, pois se consideram os verdadeiros herdeiros do dinheiro encontrado.

Uma primeira coisa que chama a atenção em *A comunidade* é a maneira como os personagens são concebidos. Júlia é uma mulher que, apesar de estar com a auto-estima em baixa, conserva a beleza e o furor sexual e sente que sua vida sofrerá uma profunda transformação quando encontra o dinheiro do velho. Ela é casada com um desempregado melancólico de aparência desleixada que lhe dá pouca atenção, está enfastiado da vida e não tem a menor malícia para perceber os anseios e as ambições da esposa. No prédio, há um síndico autoritário que despeja seu fracasso na indefesa Júlia; uma senhora que tenta controlar as ações de todos os que circulam pelo prédio; um cubano ambicioso e sedutor que curte os momentos como se estivesse numa caçada; um lunático *voyeur* (apaixonado por Júlia) que se veste como um personagem de *Guerra na Estrelas*; e, ainda, para acentuar o tom de bizarrice, uma criança trajando roupas de super-herói.

O que é interessante nesses personagens que compõem a "comunidade" é que, além de serem apresentados da maneira mais caricatural possível, eles estão completamente alheios ao mundo que os cerca. O alheamento do mundo, aliás, fornece uma boa chave para notar como certas obsessões acabam tornando a vida das pessoas uma prisão e, com isso, suas ações se revelam absolutamente descabidas. O dinheiro do velho, razão de viver dos condôminos, acaba por apontar para o desfecho patético de suas existências insignificantes. O retrato dos habitantes do prédio, então, acaba revelando o quanto de uma vida é jogado fora quando não há propriamente uma razão, por assim dizer, mais palpável que dê sentido à vida.

Se as patologias que resultam da ausência de um sentido mais forte para a vida são um ponto interessante a ser destacado nesse filme de Iglesia, vale destacar, na mesma medida, que concebe *A comunidade* com pouca preocupação com a verossimilhança (claro, o filme joga com elementos de *nonsense* e com aberrações e, além disso, não se pode perder de vista que o cinema também é a arte da ilusão), o que, para um espectador atento, causa desapontamento. Isso porque não faz sentido tentar entender como Júlia se apossa do magnífico apartamento que tentara alugar; não faz sentido também tentar entender as mirabolantes situações em que ela se envolve depois que o dinheiro é encontrado (uma montanha de notas em diversos sacos plásticos, de repente acomodada numa mala de viagem); e não faz sentido principalmente tentar entender o final, quando o lunático apaixonado por Júlia troca a mala que contém o dinheiro por outra com notas falsas.

A incoerência narrativa, de fato, dá ao filme de Iglesia a sensação de que se trata de uma experiência que deixa a desejar, pois ela não pode ser vista como elementos de linguagem (elipse, hipérbole e outros) e sim como deficiências na arte de criar expectativas para um espectador antenado na trama. Com isso, ao contrário de Aranoa e Amenábar, Iglesia fica devendo uma apresentação que justifique seu nome entre os realizadores que aspiram a substituir Almodóvar e Bigas Luna.

REVISTA DE CINEMA, ANO III, Nº 29, SETEMBRO DE 2002.

DOLLS

Bunraku é o nome dado ao teatro de marionetes japonês. Mas, com esse nome, não se quer fazer referência apenas à arte na performance com as marionetes, e sim a narrativas que, no Ocidente, assumem a feição de parábola. O bunraku, de fato, é uma forma bastante refinada de expressão artística que resulta da combinação de três habilidades: a manipulação de bonecos, a recitação joruri e a música shamisen. Os bonecos que aparecem no bunraku tanto movem quanto expressam surpresa com os olhos, abrem e fecham a boca e, ainda, gesticulam graciosa e realisticamente mãos e pernas. Cada boneco é operado por três manipuladores, que trabalham em perfeita sincronia. Os manipuladores carregam os bonecos sobre o proscênio e são visíveis para os que estão na platéia. Essa é a estrutura dessa forma de arte genuinamente japonesa, da qual se pode ver uma aula na seqüência de abertura em *Dolls*, filme mais recente de Takeshi Kitano, o mais destacado cineasta japonês da atualidade.

Kitano tornou-se conhecido no Brasil ao alternar cenas de ternura e extrema violência em filmes como *Hana-Bi, Fogos de artifício* (1997) e *Brother* (2000). A abordagem de aspectos explícitos da violência acabou por colocá-lo ao lado de cineastas como Quentin Tarantino e John Woo, mas recomenda-se ver os filmes de Kitano imune a comparações apressadas. Desde *Violent cop* (1989), seu filme de estréia, Kitano escapa ao catálogo dos gêneros e, com *Dolls*, tem-se a oportunidade de apreciar um tipo de filme em que os laços entre o passado e o presente são recobertos por paisagens naturais e urbanizadas, numa simbiose tão rara quanto complexa, uma vez que praticamente não há exemplo similar nos filmes europeus ou americanos. Eis então a marca dos filmes de Kitano: estender uma ponte entre o tradicional e o moderno, para exibir a convivência de valores que não foram diluídos com o tempo. Não à toa, em *Dolls*, cuja ação se passa na aurora do XXI, o pano de fundo é uma concepção artística que remonta ao XVII, ao teatro de Takemoto-Gidayu, ou seja, a um Japão, como se sabe, absolutamente fechado a influências externas.

Inspirando-se na emoção e na feição de parábola representadas pelas bonecas do teatro bunraku, Kintano entrelaça, em *Dolls*, três histórias em que estão presentes, na mesma medida, uma natureza elegíaca e a predeterminação humana. Na primeira, Matsumo e Sawako, dois jovens numa sociedade que respira os ares da modernidade, planejam se casar. Não contam, entretanto, que os pais do rapaz têm outros planos. Matsumo rompe com Sawako e decide satisfazer a vontade paterna; mas, no dia de seu casamento, fica sabendo que Sawako falha ao tentar cometer suicídio e perde a razão. Diante da situação Matsumo, faz uma escolha extrema: desiste do casamento e vai ao encontro de Sawako.

Na segunda narrativa, Hiro é um velho chefe da máfia Yakuza. Solitário, está mal de saúde e sente que a morte está próxima. Passa, então, a rememorar acontecimentos de sua vida. Tem importância especial em sua memória afetiva a lembrança de uma jovem que fora sua namorada e que deixara esperando num parque, ao mudar da cidade em virtude de uma proposta de emprego mais vantajosa. Hiro decide visitar o parque e tem uma surpresa desconcertante: aquela que fora sua namorada, enlouquecida, ainda o espera, no mesmo banco do parque, trinta anos depois.

Por fim, na terceira narrativa, a jovem Haruna Yamaguchi passa os dias olhando o mar. Seu rosto está coberto de ataduras, em conseqüência de um acidente automobilístico. Antes do acidente, Haruna era uma jovem estrela da música japonesa, perseguida em todos os cantos por uma legião de fãs. Dentre seus fãs desponta um policial de trânsito cuja fixação por Haruna atinge a obsessão. Por isso, ele perde a razão ao tomar conhecimento da notícia do acidente.

Em *Dolls* pode-se notar duas qualidades que, creio, são incontestes. A primeira refere-se à presença constante de uma natureza idílica, imutável, diante das ações humanas. Nas três narrativas, a flora japonesa desponta para sugerir que, para além do burburinho da vida moderna, há algo intangível, completamente alheio à passagem do tempo e aos acontecimentos do mundo. A segunda qualidade em *Dolls* está na maneira como Kitano trabalha concomitantemente reminiscências e alegorias. A evocação elegíaca, por meio de *flashbacks* pouco convencionais, força a atenção do espectador para o tempo da ação, para o sentido das lembranças. No tríptico de Kitano, no entanto, não há saída para a salvação. Ainda que o paraíso não tenha sido perdido (a natureza está presente o tempo todo), não há caminho para a redenção.

Creio, com isso, que essas duas qualidades destacadas em *Dolls* são suficientes para colocá-lo entre os grandes acontecimentos da arte neste início de século. Elementos como natureza elegíaca, predeterminação humana e o teatro bunraku se entrelaçam para provocar uma reflexão acerca da condição humana.

REVISTA DE CINEMA, ANO III, N° 32, DEZEMBRO DE 2002.

O CRIME DO PADRE AMARO

Eça de Queiroz, um dos maiores romancistas da literatura portuguesa de todos os tempos, é responsável por algumas obras polêmicas na segunda metade do XIX. *O primo Basílio* e *O crime do Padre Amaro*, inseridos na etiqueta de romances de costumes, balançaram a ordem provinciana portuguesa. Desses, o último ganha agora uma versão cinematográfica pelas mãos do mexicano Carlos Carrera. Trata-se de uma brilhante adaptação do grande romancista português levada a cabo pelo escritor mexicano Vicente Leñero. Mas é necessário fazer uma recomendação como ponto de partida: Leñero fez uma adaptação livre do romance: apenas o enredo guarda lembrança como romance de Eça de Queiroz. A idéia de transposição de um romance de costumes para a tela foi susbtituída pela tentativa de mostrar a realidade sóciopolítica mexicana atual. O verniz psicológico do romance cede espaço para as intrigas de pode no seio da Igreja Católica.

Para quem não leu o romance, lembramos que *O crime do Padre Amaro* conta a história de um jovem sacerdote que vai para um pequeno povoado e, ao se apaixonar por uma jovem provinciana, passa a viver o conflito entre a devoção a Cristo e as pulsões do mundo. O romance se caracteriza principalmente pelo conflito existencial pelo qual o Padre Amaro passa. Já no filme de Carrera, o jovem Amaro, ansioso para mudar o mundo, torna-se sacerdote graças à sua vocação e às boas relações com o bispo, que o envia para a Igreja do povoado de Los Reyes, sob a supervisão do Padre Benito. Nesse povoado Amaro conhece Amélia, filha da estalajadeira local. Pouco a pouco, o jovem sacerdote se apaixona pela jovem, amaldiçoando sua vocação.

Em torno da história de amor entre Amaro e Amélia gravitam as vidas paralelas do Padre Benito, um homem de boa vontade, mas que coloca a carroça na frente dos burros para ajudar seu povoado; o Padre Natário, um sacerdote rebelde que adere à Teologia da Libertação e, por isso, não exita em levar às últimas conseqüências os ideias revolucionários ao acobertar simultaneamente guerrilheiros e narcotraficantes; um jovem jornalista apaixonado por Amélia que, por absoluta candura, acaba preso a uma enrascada; e um prefeito bonachão que conduz a política de acordo com o sopro do vento.

O filme de Carrera conjuga alguns temas importantes e controversos para se entender o papel da Igreja Católica no mundo atual. Assim, nele estão presentes questões como a do celibato, que instaura um conflito entre as pulsões humanas e o chamado de Deus; a questão do aborto, com tudo de horrível que gira em torno de sua ilegalidade; a questão da ação efetiva da Igreja no que se refere à causa do povo, bem expressa, aliás, pelas posições antagônicas dos padres Benito e Natário. E, ainda, a questão da influência do Alto Clero da Igreja Católica na interpretação da verdade.

Carrera não fez um filme mais controverso e provocador do que os feitos pelos irreverentes Buñuel e Godard. *Viridiana*, do primeiro, e *Je vous salue Marie*, do segundo, expuseram de forma mordaz a desagregação dos valores católicos no mundo moderno. A irreverência de um Buñuel e de um Godard, entretanto, parece ter perdido espaço no mundo atual. E se isso é verdade, uma questão que se apresenta é: por que, ainda, fazer um filme provocativo aos valores católicos? Tal provocação não estaria fora de contexto num momento em que o bispo de Roma e Fidel Castro dão as mãos?

Ao longo dos séculos, a Igreja Católica parece conviver bem com suas chagas. As provocações nos mais diversos planos que lhe são feitas fazem barulho, mas a Igreja Católica tem sobrevivido aos humores dos tempos e, não por acaso, o bispo de Roma é um dos ícones do século que passou. Sobre *O crime do Padre Amaro* resta, então, uma indagação: como as obras de Buñuel e de Godard, o filme da Carrera sobreviverá aos humores do tempo? Creio que não, pois Carrera fez um filme muito mais afeito ao marketing da provocação do que a algo duradouro como um Buñuel ou um Godard. O filme de Carrera vale para uma conversa localizada e que depois é esquecida. As questões abordadas em *O crime do Padre Amaro* pesam sobre o filme.

REVISTA DE CINEMA, ANO III, Nº 33, JANEIRO DE 2003.

INTERVENÇÃO DIVINA

Os conflitos no Oriente Médio (agravados agora com a possível guerra entre Estados Unidos e Iraque) mantém em estado de alerta as redações dos principais jornais pelo mundo. Desses, o de maior longevidade no pós-Segunda Guerra Mundial é o que envolve árabes e judeus, o qual, em sua feição contemporânea, tem origem com a criação do Estado de Israel em 1947. Se, por um lado, os conflitos entre árabes e judeus mobiliza a opinião pública mundial, não se pode dizer, por outro lado, que esses conflitos, ao contrário de outros (Guerra Fria, Guerra da Coréia, Guerra do Vietnã), tenham sido fonte de inspiração para cineastas de qualquer praça. Não há, de fato, uma obra emblemática retratando em profundidade as contradições entre árabes e judeus (Amos Gitay, com seu *Kedema* – um grande filme, sem dúvida –, se atém de modo mais direto aos problemas de consciência moral de um dos povos herdeiros de Abraão).

Não creio que seja fácil buscar as razões para a carência de filmes que tenham por foco um dos conflitos mais duradouros e complexos da segunda metade do século passado para cá. E, creio, o filme mais recente de Elia Suleiman, *Intervenção divina* – uma produção francesa e palestina – reforça em muito as dificuldades para se conceber uma obra cinematográfica que tenha por tema o conturbado universo no qual circulam árabes e judeus. Suleiman, um palestino nascido em Nazaré em 1960, viveu parte de sua vida em Nova York, onde, paralelamente às funções de palestrante em universidades e museus, dirigiu alguns curta-metragens com os quais se tornou conhecido e angariou alguns prêmios. Em 1994 Suleiman retorna à Terra Prometida e inicia uma carreira de cineasta: *Intervenção divina* é seu segundo longa-metragem.

Bem, creio que *Intervenção divina* reforça as dificuldades para o tratamento dos conflitos entre árabes e judeus porque, independentemente de qualquer intenção explícita, funciona menos como obra de arte e mais como um panfleto. Ao mesmo tempo que exige uma posição do espectador, expressa, sem dúvida, uma tomada de posição (no caso, pró-árabe). De fato, *Intervenção divina* dirige-se à explosiva vida na fronteira entre Jerusalém e Hamallah. E, com isso, o tratamento fica difícil, porque toda a perspectiva é filtrada pelos olhos de um palestino. Construído a partir de uma série de quadros de humor acentuadamente mordazes, *Intervenção divina* não prioriza uma narrativa particular, nem mesmo se pode dizer que uma relação de casualidade precisa entre as diversas seqüências. Suleiman, que é o protagonista principal, é um personagem apático e silencioso, que destila seu ódio contra os judeus na barreira entre Jerusalém e Hamallah.

Os dois protagonistas – Suleiman e Manal Kharder – não aparecem na primeira metade do filme, na qual uma série de hostilidades casuais serve como denominador comum de *gags* com que Suleiman, num estilo peculiar a Jacques Tati (lembro principalmente de *M. Hulot* e *O tráfico louco*), compõe o clima de tensão sob uma aparente normalidade entre as pessoas. Quando Suleiman e sua amada entram em cena, a ação fica centrada no modo como eles vêem e sentem, de um estacionamento próximo à barreira entre Jerusalém e Hamallah, as tensões de quem vive numa panela de pressão. Observando os guardas israelenses que impedem sua passagem, em dada ocasião ele solta um balão, que flutua atravessando a fronteira, e exibindo a face sorridente de Yasser Arafat.

Gags como essa – e outra na qual Suleiman pára o carro num cruzamento ao lado de um judeu e, ao notar a bandeira israelense flamejante, fixa-a com um olhar provocativo e aumenta o volume do rádio com uma versão árabe de *I put a spell on you* – apenas reforçam o clima de tensão e hostilidades. Trata-se de retrato das tensões? Sim, mas Suleiman não está oferecendo um documentário, e sim uma obra de ficção. Sendo esse o caso, *Intervenção divina* joga com um dado não muito interessante para quem está numa panela de pressão: não só adensa o difícil caminho para a tolerância nas relações entre árabes e judeus como, levado ao pé da letra, carrega grande potencial instigador de ressentimentos e feridas mal curadas.

Ainda que seja difícil apontar as razões para a carência de filmes que tratem dos conflitos entre árabes e judeus, acho interessante observar que entre a neutralidade fria e crua e o posicionamento pró-árabe ou judeu existe um universo de sensibilidades que, tocado, gera desconforto. Filme como *Intervenção divina* é, antes de tudo, um campo minado: um passo em falso e tudo vai para o ar.

REVISTA DE CINEMA, ANO IV, N° 35, MARÇO DE 2003.

BREVES ENSAIOS perfil de alguns cineastas

ALFRED HITCHCOCK

A *arte de entreter com* glamour *e medo*

A idéia de cinema de autor surgiu com os críticos dos *Cahiers du Cinéma* em meados da década de 50. Em oposição ao cinema acadêmico francês e ao *studio sistem* (o modelo de produção hollywoodiana), os críticos dos *Cahiers*, tendo em André Bazin seu principal porta-voz, postulavam a independência do diretor em relação às interferências econômicas na realização de um filme. A assinatura do diretor, por causa de suas escolhas, é o elemento indicador de que as imagens filmadas, para além do entretenimento, revelam uma visão de mundo, uma concepção de arte ou as grandes questões humanas. Justamente porque se afastam do modelo de produção hollywoodiana, os críticos dos *Cahiers*, nos anos 50 e 60, trataram, de modo geral, os diretores *yankees* com desdém.

Um diretor hollywoodiano, porém, no início dos 60, acendeu o embate dos críticos franceses: Alfred Hitchcock, cujos filmes não gozavam de prestígio nem entre os próprios críticos americanos. Para o círculo que gravitava em torno dos *Cahiers*, no entanto, em especial para François Truffaut, Hitchcock é o homem de cinema na América que, mais que qualquer um de seus confrades, reflete sobre os meios de sua própria arte, a serviço de mostrar – pela construção do argumento, pela montagem, pela fotografia, pelo som e pela publicidade – o que é propriamente artístico numa obra cinematográfica. Isso porque o estilo Hitchcock é reconhecível até numa conversa entre dois personagens, simplesmente pela qualidade dramática do enquadramento, pela maneira única de distribuir os olhares, de simplificar os gestos, de repartir os silêncios ao longo do diálogo; pela arte de criar no espectador a impressão de que um personagem domina o outro e de sugerir, para além do diálogo, toda uma atmosfera dramática precisa; pela arte de conduzir o espectador de uma emoção a outra sem que este perceba o suspense que o enlaça.

O embate da crítica sobre o status de Hitchcock foi travado, pois, num momento crucial para avaliar seus maiores trabalhos: *Janela indiscreta*, *Um corpo que cai*, *Intriga internacional*, *Psicose* e *Os pássaros*. E esses filmes não têm concorrentes na forma como ajustam a imagem cinematográfica às nossas expectativas; eles expressam profundamente nossa maneira de ver e reagir ao enredo, à iluminação, ao som. Sua grandeza consiste em explicar a natureza e o funcionamento do cinema na psique do espectador. Por isso, os filmes de Hitchcock se definem na medida em que são feitos por um homem exclusivamente voltado para as imagens em movimento e para as emoções que elas causam no espectador. Com isso, seus filmes revelam tanto uma técnica narrativa plenamente reconhecível quanto uma visão de mundo ou, em outras palavras, uma moral sobre a condição humana; com seus medos e suas obsessões.

Um cockney *de Londres*

Hitchcock nasceu num domingo, 13 de agosto de 1899, no East End londrino. Seus pais eram verdureiros e os Hitchcock eram considerados *cockneys*, como eram comumente denominados dos trabalhadores braçais que moravam em East End. Além de *cockneys*, os Hitchcock eram católicos na Inglaterra anglicana; por isso, o jovem Hitchcock foi educado em colégio católico, onde se tornou um fervoroso leitor de teatro. Na juventude, passou a freqüentar o cinema, cujo público, naquela época, era formado tipicamente por jovens *cockneys*. A paixão pelo cinema, o gosto pelo teatro e a falta de perspectivas profissionais (em suas irônicas entrevistas para Truffaut, Hitchcock disse que estudou, sem entusiasmo, mecânica, eletricidade, acústica e desenho publicitário) o levaram a se aventurar na jovem indústria cinematográfica. Assim, no início da década de 20, Hitchcock trabalhou na Famous Players (filial britânica da Paramount) e, como não tinha função bem definida, fazia de tudo um pouco: escrevia títulos, subtítulos, trabalhava como requesitador, projetava cenários, escrevia roteiros, selecionava atores e era assistente administrativo.

Antes de dirigir seu primeiro filme, Hitchcock sofreu grande impacto ao tomar conhecimento dos expressionistas alemães. O cinema alemão nos anos 20 era um dos mais aclamados em todo o mundo, e a *Última gargalhada*, de F. W. Murnau, agradou tanto ao jovem técnico da Famous Players que, mais tarde, seus filmes traziam a influência do mestre alemão. Além dos expressionistas, como conta em famosa entrevista a Truffaut, Hitchcock foi atraído pelos filmes de Chaplin, Griffith e Buster Keaton. É nesse cenário, portanto – entre os expressionistas, a comédia pastelão e a montagem americana – que se forjou o gosto e, por conseguinte, as influências do cinema de Hitchcock.

A fase inglesa

Há dois períodos na longa carreira de Hitchcock: a fase inglesa, na qual se incluem seus filmes mudos, que vai de 1922 a 1940, e a fase americana, que o levou a trabalhar nos principais estúdios de Hollywood, como a Warner, a MGM e a Universal.

O primeiro filme que Hitchcock dirigiu, *Number thirteen* (1922), permaneceu inacabado; foi somente em 1925 que o produtor Michael Balcon lhe deu uma oportunidade e ele concluiu *The pleasure garden*. Essa história é proveniente de um romance de Oliver Sandy e considerada muito movimentada por Truffaut. Michael Balcon ficou satisfeito com o resultado de *The pleasure garden* e encarregou Hitchcock de um segundo filme: *The Mountain Eagle* (1926). Entretanto, nesses dois primeiros filmes pouco se pode discernir do que viria em seus filmes posteriores. É só com *The Lodger* (1928) – em que ele nos traz a figura de Jack, o estripador – que começa a ser traçado a caminho das preocupações e da estilística hitchcokiana. *The Lodger* foi um marco; Balcon confiou a Hitchcock a história do famoso *serial killer* londrino, e ele segurou a oportunidade com as duas mãos. Pela primeira vez filmou num estilo que seria tipicamente seu e que aprimoraria nos filmes seguintes. Cada tomada já estava esboçada desde o início das filmagens, por isso a estrutura material achava-se minuciosamente anotada.

Visto pelo aspecto técnico, *The Lodger* mostra um Hitchcock preocupado em lançar mão de todas as possibilidades técnicas. A cena mais famosa desse filme mostra os senhorios que não ouvem o inquilino andando de um lado para o outro no andar de cima, mas a câmara mostra aos espectadores seus passos nervosos. Para mostrar ambas as cenas, Hitchcock filmou passos sobre uma superfície transparente e fez uma montagem, superpondo-os à imagem da sala de baixo.

Depois de *The Lodger*, Hitchcock volta à cena com *O ringue* (1928), considerado pela crítica sua primeira obra-prima. Nesse filme trabalha com o mundo incerto das ilusões: as ações e reações dos personagens vão se sucedendo como algo espontâneo, cuja ligação com a teia inicial não é claramente identificável. *O ringue* segue um fio condutor em que os personagens se movimentam num mundo de inseguranças, em que inocentes são acusados, brigas e armadilhas apontam para um labirinto sem fim.

O ringue pertence à fase muda de Hitchcock e, provavelmente, é seu melhor filme nessa fase, ou seja, já no cinema mudo ele se transformou numa celebridade londrina. Ora, como é sabido, a passagem do cinema mudo para o falado determinou o fim da carreira de muita gente, mas essa passagem não se constituiu num problema para Hitchcock. Seu senso de engenhosidade e criatividade se fez presente de modo indelével em *Chantagem e confissão* (1930). Concebido inicialmente para ser um filme mudo, Hitchcock o filmou de modo que, mais tarde, o som pudesse ser introduzido e facilmente sincronizado com as imagens. Com o som, Hitchcock conseguiu ser ponderado e refinado ao transformar, por exemplo, no burburinho de uma conversa, a palavra faca num som nítido.

Os filmes sonoros da fase inglesa de Hitchcock foram se refinando progressivamente. Após *Chantagem e confissão* vieram *Assassinato* (1930), *O mistério do número dezessete* (1932), *O homem que sabia demais* (1934), que foi refilmado vinte e um anos mais tarde, *O marido era o culpado* (1936), *A dama oculta* (1937) e *Estalagem maldita* (1938). Dessa fase destacam-se principalmente *Os 39 degraus* (adaptado do romance de John Buchan) e *A dama oculta*. O primeiro representa o expoente máximo de sua fase britânica. Nele Richard Hannay, o herói típico hitchcockiano – um cidadão simpático, meio desajustado, mas corajoso e decidido quando necessário – vê-se envolvido num caso de espionagem quando uma mulher o agarra pelo braço e lhe pergunta sem rodeios se ele não quer levá-la para sua casa. Trata-se de uma espiã alemã que trabalha para uma rede de espionagem chamada 39 Degraus e age contra os interesses da Inglaterra. Essa espiã é encontrada morta no apartamento de Hannay, o que o torna suspeito do crime e faz com que ele fuja de trem para a Escócia. *Os 39 degraus* flerta com a literatura kafkaniana, pois a trama se desenvolve numa permanente perseguição, em que o protagonista não percebe muito bem o que está acontecendo nem avalia completamente as conseqüências de suas ações. Para exacerbar a sensação de insegurança, Hannay vai procurar a ajuda da polícia, mas isso só o coloca entre as forças do caos e as da ordem. Já em *A dama oculta*, a protagonista presencia o desaparecimento misterioso de uma velha senhora. Todos a quem conta e pede ajuda negam ter visto a dama e, com isso, a heroína começa a duvidar do acontecimento e se pergunta se tudo não teria sido sonho ou fruto da imaginação.

Principalmente nesses dois filmes – ainda que as histórias sejam interessantes –, o que importa mesmo é notar como elas são narradas por Hitchcock, como ele coloca os personagens num fio tênue que separa a realidade da ilusão. Porque narra as ações dos protagonistas de um certo ponto de vista – as situações e os papéis dos envolvidos são indefinidos num ambiente povoado por sabotadores, espiões, agentes –, Hitchcock conduz os espectadores a tornarem a prestidigitação tão real que, não raro, sejam impulsionados a avisar um ou outro personagem do perigo que corre ou do que está se passando.

Os 39 degraus e *A dama oculta*, filmes emblemáticos da fase inglesa, já apresentam um artista com pleno domínio de sua arte. O que viria a seguir, em sua fase americana, pode ser entendido não tanto como um desvelamento, mas como uma variação do que pode ser visto nesses dois filmes, pois se alguns de seus filmes da fase americana são mais cultuados e se inscrevem entre os mais significativos da sétima arte, não se pode dizer, propriamente, eles tragam inovações estilísticas ou temáticas. Quanto a isso o Hitchcock hollywoodiano é, principalmente, um diretor que teve à disposição muito dinheiro para poder exercitar com rara maestria seus incríveis conhecimentos técnicos e sua capacidade inventiva.

Hitchcock em Hollywood

Desde seus primeiros anos, o poderio de Hollywood se consolidou por sua capacidade de acolher e integrar os talentos mais diversos, as obras mais singulares, atraindo, sem poupar recursos, os diretores europeus mais marcantes. Depois de muito assédio, David O. Selznick, o produtor de *E o vento levou*, finalmente conseguiu seduzir Hitchcock para dirigir uma adaptação de *Rebeca, a mulher inesquecível* (1940), romance de Daphne du Maurier. Só que, por mais que desconfiasse, Hitchcock não poderia imaginar as dificuldades que enfrentaria para se adaptar ao esquema de produção de Hollywood. Na Inglaterra, ele podia até discutir com os chefes das empresas e deles discordar, mas em Hollywood o produtor impunha suas condições com mão de ferro, e Selznick provavelmente foi o produtor que mais usou de seu poder e de suas idiossincrasias para fazer mudanças nos filmes em que colocava dinheiro. O choque com Hitchcock, um artista com plena segurança de sua arte, foi inevitável e seus primeiros anos em Hollywood foram de tormento. Claro, *Rebeca* foi agraciado com o Oscar, mas não se trata propriamente de um Hitchcock e, além disso, o prêmio foi para Selznick.

Como o contrato com Selznick permitia a Hitchcock ser alugado por outros estúdios, foi nessa condição que ele acabou realizando alguns filmes. Assim, vieram à luz *Correspondente estrangeiro* (1940), *Suspeita* (1941), *Sabotador* (1942) e *Interlúdio* (1946). São filmes em que ele pode trabalhar com maior liberdade criativa e, além disso, com artistas representativos do *star sistem*: Joan Fontaine e Gary Grant estão em *Suspeita* , Ingrid Bergman e Gary Grant formam o casal em *Interlúdio*. A presença desses *stars* hollywoodianos tornou os filmes de Hitchcock conhecidos por um público bastante amplo (e esse é, pois, um ponto para os críticos da época: ele seria menos um grande criador – sua verve teria ficado na Inglaterra – e alguém que se vendia com facilidade ao gosto popular). Entretanto, ainda que tenha feito alguns filmes com maior liberdade, os primeiros anos de Hitchcock em Hollywood foram marcados pelo embate com Selznick e, talvez mais do que em *Rebeca*, a presença do produtor se fez sentir com toda intensidade em *Quando fala o coração* (1945). Enquanto Selznick queria fazer um filme sobre psicanálise – chegou até a contratar uma consultoria psiquiátrica –, Hitchcock queria romper com a tradição dos sonhos e pediu a colaboração de Salvador Dalí; Selznick a aceitou porque a presença de Dalí daria publicidade. Assim, Hitchcock teve de esperar o término do contrato com o durão Selznick para, na década de 50, fazer aqueles que são seus filmes mais cultuados e apreciados pela crítica.

O melhor Hitchcock

A Transatlantic realizou o sonho de Hitchcock de ser seu próprio produtor. Sua primeira experiência como produtor independente permitiu-lhe voltar, rompendo com os pesados roteiros impostos por Selznick, ao puro exercício de direção. *Festim diabólico* (1948) foi realizado em caráter experimental. A ação se passa no interior de um apartamento em Nova York, do crepúsculo até a madrugada. Além de ter sido o primeiro filme colorido de Hitchcock, *Festim diabólico* tem a peculiaridade de ter sido filmado com uma única câmara, portanto, sem corte do princípio ao fim.

Depois de *Festim diabólico*, Hitchcock fez *Pacto sinistro* (1950), *Disque M para matar* (1953), *Janela indiscreta* (1953), *Um corpo que cai* (1957), *Intriga internacional*(1958), *Psicose* (1959) e *Os pássaros* (1962). Trata-se do melhor Hitchcock. É esse conjunto de filmes, presentes em qualquer lista das grandes obras de cinema, que levará os críticos dos *Cahiers du Cinéma* a discutir sobre o status da obra de Hitchcock. Esses filmes ganharam vida pela utilização instintiva de nossos impulsos no cinema; e sua seriedade moral consiste em mostrar, ao mesmo tempo, o violento, o psicótico e, discretamente, convidar o espectador a reconhecer esses impulsos como seus. Ainda que o próprio Hitchcock não tenha entendido o significado mais profundo de seus filmes (nas irônicas entrevistas para Truffaut, ele se revela um homem de atitudes morais e sociais frívolas, interessado mais em técnica do que em significado), essa dimensão não pode ser deixada de lado, pois neles estão plasmadas a justificação da sanidade com a insanidade, os jogos de aparência e a crueldade. Assim, o crime e a vertigem são, antes, espetáculos fascinantes que permitem ao espectador um prazer que se estende aos limites da perversidade do olhar.

Em *Pacto sinistro*, o jogo de montagem paralela é aproveitado como uma forma capaz de levar a tensão ao máximo grau. É famosa a cena em que o protagonista derruba seu isqueiro num bueiro. Conseguirá recuperá-lo a tempo? *Disque M para matar* mostra que a consciência da culpa não tem força de salvação, mas presta-se à realidade do crime. A procura de emoção e de aventura em *Janela indiscreta* é fruto do tédio; o protagonista queria apenas se divertir, mas essa diversão acaba se revelando perigosa. *Um corpo que cai* (*Vertigo*) começa com um *close* de dois olhos, uma visão, e segue na imagem de um único olho arregalado de onde sai a primeira imagem relacionada ao título original: uma espiral. A primeira idéia que surge é a de paranóia. Já o quadro seguinte – a perseguição de um criminoso pela polícia, sobre os telhados de San Francisco – tem as qualidades de um pesadelo: é uma caçada sobre o abismo, onde um homem cai e outro é salvo. Os espectadores percebem claramente que o homem que se salva não teve culpa na queda do outro, mas ele se sente culpado. *Um corpo que cai* é provavelmente o filme mais hitchcockiano feito por Hitchcock, em que ele revela seus medos e suas obsessões mais profundas. Pelo menos é o que o crítico Donald Spoto tenta mostrar nas oitocentas páginas de seu *The art of Alfred Hitchcock*. E se *Um corpo que cai* é seu filme mais pessoal, *Intriga internacional* é a soma de seus *thrillers* de perseguição: nele se encontram todos os elementos desse tipo de filme. O clímax espetacular ocorre sobre as efígies gigantes dos presidentes no Monte Rushmore, repetindo a tendência de Hitchcock de realizar suas ações mais emocionantes sobre monumentos e atrações turísticas.

Hitchcock foi apontado por muitos críticos como um bom contador de histórias, mas, desde os filmes da fase inglesa, ele sempre buscou a perfeição da forma encontrada em *Os 39 degraus* e *A dama oculta*. Pode-se dizer – e é o que os críticos dos *Cahiers* pensavam – que, além de *Um corpo que cai* e *Intriga internacional*, essa perfeição está amalgamada em *Psicose* e em *Os pássaros*. *Psicose* funciona como um filme de terror que desencadeou, nos Estados Unidos, uma onda com os efeitos mais brutais que se possa imaginar. Foi o último filme em preto-em-branco de Hitchcock e, no entanto, o sangue parece mais vermelho do que em qualquer obra colorida. A história de *Psicose* pode ser resumida sem problemas, mas isso é de somenos importância, pois o que mexe com os nervos do espectador não é a história e sim a forma como é contada: a última imagem mostra o carro sendo retirado do pântano e o rosto do protagonista, impassível, assistindo ao resgate do automóvel. Por algum instante vê-se nele a caveira da mãe. O macabro é mais profundo que qualquer teoria; e o filme seguinte, *Os Pássaros*, segue esse mote, já que se apóia o tempo todo na sensação de terror indefinível. *Os Pássaros* baseou-se num conto de Daphne du Maurier e numa notícia de jornal sobre um fato incomum envolvendo um bando de pássaros. Hitchcock aproveitou pouco do conto, apenas a idéia e a atmosfera sombria. *Os Pássaros* é uma obra de arte em todos os sentidos, desde a trilha musical, concebida por Bernard

Hermann, até a apresentação, em que asas batendo dilaceram as palavras do título. Os gritos de pássaros produzidos eletronicamente criam um efeito desconfortante.

Os últimos filmes

Com *Os Pássaros*, Hitchcock atingiu o ápice de sua capacidade criadora e inventiva. E, não se pode negar, seus últimos filmes ressentem-se do peso do conjunto de filmes que vem de *Festim diabólico* até *Os pássaros*. Analisados individualmente, *Cortina rasgada* e *Frenesi* não são desprovidos de valor. É possível encontrar boas seqüências do melhor Hitchcock nesses dois filmes. Mas também é verdade que *Marnie, confissões de uma ladra* (1964), *Topázio* (1969) e *Trama macabra* (1976) estão muito aquém do melhor Hitchcock. A sombra do mestre do suspense encobre esses filmes de modo a que se veja neles, no melhor dos casos, uma indisfarçável caricatura do estilo Hitchcock.

Enfim, numa carreira de mais de cinquenta anos e 54 filmes (pelo menos quatro dos quais passaram pelo crivo do tempo e da crítica), qualquer irregularidade é facilmente compensada pelo conjunto da obra. Há um tema e um estilo hitchcockiano, e tanto um como outro deixaram marcas profundas na evolução do cinema. Roman Polanski, Brian de Palma e Lawrence Kasdam são seus herdeiros mais diretos e até no tímido *Atirem no pianista*, de Truffaut, há respingos do autor de *Os 39 degraus*.

REVISTA DE CINEMA, ANO II, Nº 17, SETEMBRO DE 2001.

ANDREI TARKOVSKY

Para além do olhar

Nos anos 20, cineastas como Sergei Eisenstein, Vsevolod Pudovkin, Alexander Dovzhenko e Dziga Vertov, ao mesmo tempo projetaram o cinema soviético para o mundo e introduziram, com a linguagem (a montagem modificou substancialmente a percepção das imagens em movimento), elementos marcantes na evolução do cinema. Depois dessa geração, é somente a partir da década de 60 que o cinema soviético voltará a revelar nomes importantes no cenário mundial. É quando surgem Andrei Konchalovsky, Otar Iosseliani e Andrei Tarkovsky. Desses, este último se constituirá na referência cinematográfica soviética mais relevante quando se tem em mira o chamado cinema de arte, ou seja, quando se considera que o cinema possa ocupar a atenção dos espectadores para a função da arte e do próprio papel do cinema para exibir os sentimentos humanos mais sublimes.

Tarkovsky (1932-1986) estudou na Soviet State Film Scholl, onde se formou em 1961, e teve o teórico Mikhail Romm como professor. Essa referência é importante porque Romm redigiu um programa que propunha a emancipação da linguagem cinematográfica da dramaturgia: as cenas não devem ter uma direção privilegiada; em lugar de um único fio condutor, pode-se tomar diversos acontecimentos que permitam intercalar pausas e silêncios entre as diversas fases da ação. Para realizar esse programa, é necessário considerar os temas que permitam sobrepor imagens evocativas e contemplativas à ação. O paradigma dos antigos filmes – quanto ao método e aos temas – é aquele proposto pela geração de Eisenstein: uma construção cinematográfica centrada numa continuidade dinâmica e intelectual da ação. Para Romm, em contraste, o cineasta há de considerar as cenas da vida cotidiana, escolher *décors* menos espetaculares; ou seja, não se trata de mostrar o que se passa, mas como os acontecimentos se desenvolvem. Foi a partir da influência de Romm que Tarkovsky rodou *Hoje não haverá saída livre* (1959) e *O rolo compressor e o violino* (1960); filmes em que, apesar de escolares (com o segundo ele obteve o diploma pela escola estatal), estão presentes seus temas e motivos, enfim, as características principais de seu método e de sua criação. Romm indicou o caminho que permitiu a linguagem cinematográfica de Tarkovsky: mais evocativa e meditativa do que centrada na ação.

O início

Depois dos experimentos escolares, Tarkovsky toma a direção e roda *A infância de Ivan* (1962). Tendo como ponto de partida o conto homônimo de Vladimir Bogomolov, esse filme lhe permitirá desenvolver um tema caro às suas obras seguintes (notadamente, em *Solaris*, cujo argumento foi retirado do romance de Stanislaw Lem, e em *Stalker*, baseado no conto *Piquenine às margens da estrada*, dos irmãos Arkadi e Boris Strugacki): as relações entre cinema e literatura. Ora, Tarkovsky desconfia da possibilidade de transposição da prosa para a tela; ele entende que algumas obras possuem grande unidade no que diz respeito aos elementos que as constituem e a imagem literária que nelas se manifesta é original e precisa. Por mais meticulosa que seja a descrição em um romance, o leitor ainda é capaz de reelaborar, modificar e adaptar as imagens descritas de acordo com sua própria experiência, seus desejos e pontos de vista. No cinema, em oposição, cada um dos quadros, cada cena ou esquete não é apenas uma descrição, mas um fac-símile de uma ação, paisagem ou rosto. Portanto, normas estéticas são impostas ao espectador, acontecimentos concretos são mostrados de forma inequívoca, e ele muitas vezes há de opor-lhes resistência baseado na força de sua experiência pessoal. Ao longo das páginas de um romance delineia-se, pois, a personalidade única de um autor. Por isso, filmar livros é algo que só pode ocorrer a alguém que, de fato, sinta grande desprezo tanto pelo cinema quanto pela prosa. Assim, Tarkovsky procurou adaptar o conto de Bogomolov justamente por acreditar que nele não estão presentes imagens literárias que o tornam único: não importa propriamente o conto, e sim a clareza de sua estrutura narrativa, que se oferece a uma narrativa fílmica.

A infância de Ivan denuncia as atrocidades da Segunda Guerra Mundial a partir do retrato de uma criança destinada a se perder na guerra ao ser enviada numa missão suicida para espionar os alemães. Nesse seu primeiro grande filme (ganhador do Leão de Ouro em Veneza), ainda que siga os elementos propostos por Romm (pelo destino desafortunado de Ivan, Tarkovsky procura mostrar menos a ação heróica na guerra e mais sua monstruosidade perante os sentimentos mais íntimos de um garoto), Tarkovsky se mantém preso aos temas soviéticos; vale dizer: em *A infância de Ivan* ainda estão presentes os motivos mais convencionais do cinema soviético dos anos 50. O primeiro filme de Tarkovsky totalmente livre das convenções é *Andrei Rublev* (1966): com esse filme, ele criou um mundo totalmente independente do cinema soviético e, para muitos críticos, sem nenhuma relação com a tradição européia.

Em *Andei Rublev*, ao contrário de *A infância de Ivan*, não se trata de mostrar um indivíduo em confronto com mundos contrastantes, e sim de confrontar os diversos pólos de um mesmo mundo. Um personagem que sofre uma crise moral é o centro do filme, o qual mostra sobretudo o embate de uma alma dilacerada que quer guardar sua integridade em todas as circunstâncias. Rublev é um pouco conhecido monge-pintor de ícones que Tarkovsky usa para mostrar as tensões que nos envolvem quando não temos certeza ou de nossa vocação ou de nosso destino. Diante do pavor e da repulsão pelas cenas de terror medieval, carnificina, pilhagem e destruição, Rublev resolve desistir da arte. Sua mente muda apenas quando encontra um jovem que está tentando forjar um sino. No momento em que a verdade chega, o jovem admite a Rublev que ele nada sabe sobre forjar, que simplesmente quis tentar. O sino prova que tem som, e o filme termina com uma maravilhosa seqüência dos ícones que, supõe Tarkovsky, Rublev começou a pintar.

Rublev quer mostrar o mundo como ele é, mas sua criação fica presa a um paradoxo: como mostrar a beleza aos homens diante do mal que os circunda? Por conseguinte, o dilema que se apresenta é: ou o mundo não é inteiramente mau ou o criador colocou essa questão entre parênteses. Rublev adota o primeiro ponto de vista. A criação só é possível porque a capacidade de criar o bem está presente, malgrado a existência do mal. Em razão de sua natureza meditativa e contemplativa, Rublev é incapaz de submeter o dilema que existe entre sua concepção de beleza e a imagem real do mundo até o momento em que faz apelo a uma moral prática: a criação artística é a última possibilidade de aplicação de uma moral que tem por fim unicamente levar felicidade aos homens. Claro que com esse filme Tarkovsky expôs sua própria visão sobre o papel da arte para a realização de um ideal de humanidade.

Andei Rublev (com mais de três horas de duração e filmado em cinemascope) chocou as autoridades soviéticas, ao mostrar uma Rússia medieval dessacralizada. Em solo soviético o filme só foi lançado – com cortes na seqüência final – em 1971; talvez por isso tenha sido aguardado com expectativa no Festival de Cannes em 1969. As dificuldades para a aceitação no próprio país geraram um culto não só em relação ao filme, mas também em relação ao seu realizador, já que a boa acolhida em Cannes projetou o nome de Tarkovsky para além das fronteiras da União Soviética e *Andei Rublev* passou a ser cultuado principalmente por se tratar de um filme que conjuga, de modo absolutamente original, uma moral individual e comunal. A harmonia entre esses dois elementos foi uma das grandes utopias do século passado, por isso inspirou os mais diversos movimentos de vanguarda.

Tarkovsky pôs muito de si em *Andei Rublev* e é isso que parece faltar em *Solaris* (1972). E ele próprio demonstra insatisfação com esse filme, uma vez que seu propósito era o de usar o tema do romance de Stanislaw Lem para falar sobre a presença simultânea e em interação dos fenômenos da consciência e do mundo exterior; tema esse, aliás, caro à filosofia bergsoniana. Não obstante, o próprio autor do romance interferiu para que o filme fosse, antes, uma obra de ficção científica. De fato, *Solaris* é uma ficção científica. O personagem principal, o cientista Kris Kelvin, é enviado para Solaris, um planeta inóspito para onde antes fora enviada uma tripulação que acabou sendo destruída. O futuro desse planeta depende do resultado da viagem de Kelvin, que deve resolver uma questão: as experiências para criar relações com o oceano pensante do planeta podem dar resultados científicos? A ciência não tem condições de responder ao mistério de Solaris. A conclusão a que Kelvin chega, no final do filme, é que o homem não pode compreender os problemas científicos senão pela purificação moral de sua alma. A visualização de *Solaris* remete a *2001 – Uma Odisséia no Espaço*, o que levou muitos a acreditar que tenha sido projetado como uma resposta socialista ao filme de Stanley Kubrick. Isso pouco importa. O que se deve ter em vista, principalmente, é que em *Solaris* a ação está baseada em um problema prático, o qual, na seqüência, se transforma num problema de consciência. Tal ambigüidade não existe na obra de Tarkovsky, pois quando ele mostra uma crise de consciência, ela é acompanhada, simultaneamente, pela afecção que a consciência sofre tanto dos objetos exteriores quanto dos da própria consciência. É o que se vê em *Andrei Rublev* e em todos os filmes que se seguem a *Solaris*.

O tempo impresso

Tarkovsky entende que quando os irmãos Lumière exibiram *L'arrivée d'un train en la gare de La Ciotat* não apenas estavam exibindo uma nova maneira de reproduzir a realidade, mas principalmente – pela primeira vez na história das artes e da cultura – estavam exibindo um modo inteiramente novo de registrar a impressão do tempo. Surgia, assim, a possibilidade de reproduzi-lo na tela e de fazê-lo tantas vezes quanto se desejasse, de retê-lo e retornar a ele. Com a invenção do cinema, houve a conquista da matriz do tempo real. A força do cinema está no fato de ele se apropriar do tempo, junto com aquela realidade material à qual está indissoluvelmente ligado. O tempo – registrado em suas formas e manifestações reais – é a suprema concepção do cinema. Assim, as pessoas vão ao cinema porque esperam reencontrar o tempo perdido. A essência do trabalho do cineasta é, então, esculpir o tempo. Do mesmo modo que o escultor, que retira de um bloco de mármore tudo que não faz parte da obra futura, o cineasta toma um "bloco de tempo", constituído por uma quantidade qualquer de fotos vivas, corta e rejeita tudo aquilo de que não necessita, deixando apenas o que deverá ser um elemento do futuro filme. A imagem torna-se verdadeiramente cinematográfica quando (entre outras coisas) não apenas vive no tempo, mas quando o tempo também está vivo em seu interior, em cada um dos fotogramas. O cinema, então, nasceu como um meio de registrar justamente o movimento da realidade: concreto, específico, no interior do tempo e único. A concepção do autor torna-se uma testemunha capaz de emocionar e cativar o espectador.

Depois da experiência de *Solaris*, Tarkovsky filmou *O espelho* (1974) e *Stalker* (1979). Nesses dois filmes ele procurou se afastar radicalmente de elementos que possam afetar a integridade das imagens – como a montagem e o roteiro, por exemplo. O que lhe importa nesses filmes é, antes de tudo, captar o tempo, pois é este que, impresso no fotograma, dita o critério de montagem. O tempo se faz sentir numa tomada, na medida em que se torna perceptível para o espectador que há algo de significativo para além dos acontecimentos na tela, quando é possível perceber que aquilo que se vê não se esgota em sua configuração visual. O tempo, ao fluir por intermédio das tomadas, acaba por harmonizar-se e articular-se. *O espelho* tem aproximadamente duzentas tomadas (para um filme de pouco mais de cem minutos isso quer dizer que cada tomada dura em média trinta segundos, ou seja, exige do espectador um tempo para que este possa dar conta de um detalhe qualquer que passaria incólume numa tomada rápida), e é pela junção das tomadas que se cria o ritmo do filme. O tempo específico que flui pelas tomadas cria o ritmo do filme e o ritmo não é determinado pela extensão das peças montadas, mas sim pela pressão do tempo que por meio delas.

O espelho foi realizado sem qualquer roteiro prévio. Depois que o material foi filmado Tarkovsky procedeu à sua decupagem sem qualquer preocupação com a seqüência das imagens. Para ele era importante ver como o filme poderia adquirir forma por si próprio: dependendo das tomadas, do contato com os atores, pela construção dos sets e a forma como ele viesse a se adaptar às locações escolhidas. Ora, *O espelho* resume-se nas reminiscências da infância do narrador numa casa velha; casa esta na qual ele, Tarkovsky, conviveu com seu pai e sua mãe; casa que, com o passar dos anos, se transformou em ruínas e foi reconstruída a partir de fotografias da época e dos alicerces que restaram. Ainda que tenha sido tomado como um filme autobiográfico, o próprio Tarkovsky esclareceu que com *O espelho* não quis exibir um retrato em movimento de sua infância; trata-se, antes, de expressar seu sentimento para com pessoas que foram queridas, seu relacionamento com elas, sua compaixão pelo sofrimento delas e pelo seu próprio sofrimento. Em *O espelho* o autor indica as referências autobiográficas de invocação das lembranças; desse ponto de vista, trata-se de uma obra com fidelidade quase documental. Contudo, o herói que se lembra em *O espelho* – um homem de meia-idade – não difere de quem quer que invoque as lembranças do passado. Não se trata somente da memória de um único indivíduo, mas da de toda a sua geração, guardado o contexto cultural e histórico. E é isso que afasta o herói de *O espelho* do de Fellini em *Oito e Meio*, por exemplo. O sentido do tempo passado está, pois, no modo como as imagens fluem e levam o espectador a buscar nas próprias reminiscências o sentido invocado pelas imagens; como se houvesse uma cumplicidade entre as imagens projetadas na tela e a própria experiência de cada espectador.

Se em *O espelho* Tarkovsky estava interessado em introduzir cenas de cinejornal, sonho, realidade e recordações sucedendo-se umas às outras, em *Stalker* o que lhe interessa é que não haja nenhum lapso de tempo entre as tomadas. Seu desejo era que o tempo tivesse existência própria no interior de cada quadro, para que as articulações entre as tomadas fossem nada mais que a continuidade da ação, que não implicasse nenhum deslocamento temporal. Ainda que tenha sido concebido a partir de um conto de ficção científica, *Stalker* ao contrário de *Solaris*, não guarda nenhum elemento do gênero, mesmo na forma de elementos exteriores estilizados. Os personagens do filme empreendem uma viagem rumo à Zona, lugar proibido no qual há uma sala em que os desejos mais íntimos de uma pessoa são realizados. Eles chegam até a soleira da sala e não têm coragem de ultrapassá-la. Em *Stalker*, Tarkovsky deforma o tempo, fazendo com que o presente tenha um conteúdo oposto ao de sua significação: a imagem do tempo sugere intemporalidade, contudo, a Zona não é outra coisa senão a consciência de cada espectador, assombrada com a possibilidade de não haver freios para seus desejos. No conto que lhe serve de modelo, a Zona é um lugar utópico, mas no filme ela está situada no espaço e no tempo: ela não tem, pois, lugar no futuro.

Os filmes no exílio

Depois de muitos desentendimentos com as autoridades soviéticas, Tarkovsky realizou dois filmes no exílio; *Nostalgia* (1983) e *O Sacrifício* (1986). *Nostalgia* não é um filme nostálgico no sentido convencional da palavra. Com esse filme, Tarkovsky procurou mostrar que o prazer puramente estético é procurado pelo escoamento do tempo; de modo que a atmosfera de uma época seja ressuscitada por meio de coisas que desaparecem de forma irremediável. O herói de *Nostalgia*, Gorchakov, é um escritor russo que vai à Itália buscar alguns traços de um compositor compatriota, Sasnovsky, que viveu e compôs nas paragens mediterrâneas em meados do século XVIII (pode-se dizer que esse personagem é uma espécie de *alter ego* de Tarkovsky e, na mesma proporção, que a remissão à *Náusea*, de Jean Paul Sartre, é inegável). A nostalgia, mal do homem e de toda a civilização moderna, resulta da incapacidade do personagem de juntar as duas pontas dos dois mundos. Essa impossibilidade é mostrada em *Nostalgia* justamente porque seu herói não morre por outra razão senão de nostalgia; na medida em que não é possível estabelecer um contato entre dois personagens, duas culturas e dois mundos diferentes. Gorchakov vê na imagem de Sasnovsky sua própria imagem; contudo, não há contato entre o passado e o presente. As experiências improváveis de Sasnovsky se repetem nas de Gorchakov, mas estas não abrem novas perspectivas ao herói para libertá-lo do passado, e sim para premê-lo ainda mais, para encerrar mais profundamente sua nostalgia.

O princípio de composição de Tarkovsky, que é baseado na oposição de dois mundos, se manifesta sem dúvida com muita intensidade em *Nostalgia*. Entretanto, as relações entre os dois mundos em *Nostalgia* não são as mesmas que em seus filmes anteriores, pois nestes os dois mundos em oposição são de fato reais, mesmo que seja pela lembrança, como em *O espelho*; já em Nostalgia essa oposição só está presente na imaginação, uma vez que as brumas do tempo encobrem qualquer nitidez nos vestígios encontrados. Assim, em *Nostalgia*, ao contrário de *O Espelho*, não é possível reconstruir o passado por meio de fotogramas.

Para realizar *Nostalgia* fora das fronteiras soviéticas, Tarkovsky recebeu um visto do governo. Depois da exibição desse filme no Festival de Cannes – com o qual foi coroado com o prêmio de criação –, ele não mais voltou para sua terra natal; com isso, essa obra, realizada além da Rússia, tornou-se algo como uma premonição do que viria a lhe acontecer em seguida. Após anunciar que gostaria de trabalhar com plena liberdade e receber as garantias da criação de um comitê para lhe dar sustentação, ele iniciou os preparativos para a realização, na Suécia, de *O sacrifício*.

À primeira vista, o exílio voluntário de Tarkovsky, o realizador de mentalidade mais nacionalista de sua geração, causou espanto aos intelectuais do Ocidente. Não obstante, sua decisão foi motivada justamente por conta de seu caráter autenticamente russo: como outros artistas russos que procuravam um sentido universal para sua obra, ele não podia ficar preso às conveniências do Estado. É a liberdade de expressão fora das fronteiras soviéticas que ele buscou para realizar *O sacrifício*.

O sacrifício se inicia com um longo plano-seqüência no qual os personagens – um crítico literário e seu filho pequeno – estão regando uma árvore. A câmera os observa de longe, de modo a que não haja distinção precisa entre eles e a paisagem. O pai mantém um monólogo com o filho. Nesse monólogo ele diz: "No início era o verbo, mas você está mudo como um salmão". O garoto, em processo de recuperação de uma operação de garganta, está proibido de falar; ouve em silêncio enquanto o pai lhe conta a história da árvore estéril. Mais tarde, horrorizado com as notícias de um desastre iminente em escala mundial, o pai faz voto de silêncio. Deus atende às suas preces, e as conseqüências são simultaneamente terríveis e agradáveis. Por um lado, ele rompe irrevogavelmente com o mundo e suas leis; com isso, perde a família e se coloca ao lado de todas as normas aceitas. Por outro lado, por conta de sua capacidade de abnegação, ele é capaz de pressentir o perigo, a força destrutiva que impele o mecanismo da sociedade moderna rumo ao abismo.

O sacrifício é uma parábola; os acontecimentos significativos que contém podem ser interpretados de várias maneiras. Contudo, independentemente das interpretações que se oferecem, o próprio Tarkovsky entende que com este filme quis mostrar que o mundo está cheio de prodígios impenetráveis, que as pessoas se movem menos num universo de realidade do que de imaginação. Diante de um desastre em escala global, a única questão a ser levantada diz respeito à responsabilidade pessoal do homem e à sua disposição para o sacrifício, sem o qual não se pode considerá-lo um ser espiritual.

Tarkovsky é um artista cuja obra incomoda porque exige que o espectador pense tanto na função da arte sobre sua própria vida e o mundo quanto no papel do cinema para exibir os sentimentos mais sublimes. Em cada um de seus filmes, ele faz uma profissão de fé na arte; entende que esta é a única forma possível de despertar no homem a espiritualidade que, ao longo dos séculos, a sociedade foi se encarregando de engessar. Diante de seus filmes, o espectador vivencia uma experiência radicalmente oposta à do cinema convencional (seja ele pretensamente artístico ou assumidamente comercial). Quem quer que se aproxime de seus filmes deve ter em vista que estará diante de uma experiência pouco convencional, pois é com o escoamento das imagens, ao mesmo tempo ambíguas e inexplicáveis (como a própria vida), que o espectador deverá se relacionar.

REVISTA DE CINEMA, ANO II, Nº 18, OUTUBRO DE 2001.

ELIA KAZAN

A encruzilhada dos caminhos

A América é uma terra de liberdade, onde todos podem construir um mundo melhor, com igualdade de oportunidades; fora, pois, dos vícios de um mundo marcado pela intolerância e pelos conflitos de fronteiras. No entanto, a idéia da América como uma terra cujo destino é servir de abrigo a todo homem perseguido ou sem chances de se desenvolver convive, desde a chegada dos primeiros puritanos no século XVII, com o controle e a imposição de regras de como devem viver. Por isso, mesmo sendo uma nação que se constituiu a partir de sucessivas vagas de imigração, sempre é possível apontar para estrangeiros como portadores de um mal que coloca a nação em risco. De sorte que, mesmo sendo uma terra de abrigo a perseguidos, fugitivos e imigrantes, há toda uma idéia de integração que se desenvolve paralelamente à de desconfiança com relação ao estrangeiro, àquele que não se integra ao espírito de americanização. Ou seja, não é descabido dizer que a América é um universo de inclusão e exclusão no qual se engendra e convive, ao mesmo tempo, o "sonho americano" e o *American way of life*.

O cinema americano foi impulsionado por muitos realizadores estrangeiros. Tanto imigrantes que fizeram a vida na América – dentre os quais se destacam Donald Crisp, Charles Chaplin, William Wyler e Joseph von Sternberg – quanto diretores que já tinham carreira consolidada na Europa e fugiram da perseguição dos nazistas – como Douglas Sirk, Fritz Lang, Billy Wilder e Max Ophus – encontraram abrigo na América e deixaram testemunho de sua produção artística. Elia Kazan está dentre os primeiros: imigrante turco (nasceu em Constantinopla em 1909), chegou à América com apenas 4 anos. A peculiaridade da trajetória de Kazan é que, mais que qualquer outro diretor antes e depois dele, o problema da acomodação a um mundo estrangeiro se fará sentir em igual medida tanto em sua vida pessoal quanto nos personagens de seus filmes principais. Nesse sentido, Kazan se constitui no personagem mais curioso e polêmico no cenário cinematográfico americano do pós-guerra, pois, embora nunca tenha perdido suas raízes greco-turcas, como poucos diretores nativos, realizou filmes persistentemente centrados em problemas e assuntos americanos.

O jovem diretor nos anos da depressão econômica

Nos anos 30 – os anos da depressão que resultou da queda da bolsa em Nova York em 29 e os anos do New Deal: plano com o qual Roosevelt orientou a política econômica americana –, a esquerda americana tornou-se uma força respeitável, de modo que aderir ao Partido Comunista significava sustentar um ideário de justiça social, expresso principalmente na possibilidade aparente de mudar o mundo, diante de um quadro de desemprego nunca antes visto nos Estados Unidos. Os ideais políticos, por sua vez, se misturaram aos ideais artísticos e, com isso, a literatura e o teatro viram fervilhar obras de caráter marcadamente social. Naquele período, então, o teatro americano passou por mudanças significativas: muitos de seus realizadores (Tennessee Williams e Eugene O'Neill são os nomes mais representativos) se voltaram para causas sociais, ao tratarem com realismo a veracidade dos sentimentos e a explosão do cotidiano.

Kazan participou de vários grupos de teatro. O mais importante deles foi o Group Theatre, que se constituiu no principal responsável pela sua formação artística. O Group Theatre tinha como referência a concepção de encenação de Stanislavski, para o qual o elemento central da interpretação é justamente a veracidade: o ator virtualmente se torna o personagem, deve pensar e agir como ele. Kazan entende que o método elaborado por Stanislavski convém ao momento porque não torna magnífico o homem heróico, e sim o herói em cada homem. Além de Stanislavski, o Group Theatre foi afetado pela penetração das idéias psicanalíticas nos Estados Unidos e, principalmente, pelo marxismo.

Kazan entrou para o Group Theatre em 1932 (a partir desse grupo ele ingressou no Partido Comunista e foi seu membro de 34 a 36) inicialmente como ator, mas em seguida ele se encaminhou para a direção e, em meados da década de 40, tornou-se um importante diretor teatral da Broadway (a montagem de *Uma rua chamada pecado*, de Tennessee Williams, e a de *Morte de um caixeiro viajante*, de Arthur Miller, marcaram época). Kazan tornou-se um mestre na formação de atores pelo método Stanislavski e, em 1947, criou o Actor's Studio.

Tornar-se artista e americanizar-se contrariava as expectativas da família, mas para Kazan os anos 30 o levaram a suspeitar de que um estrangeiro podia pertencer ao povo americano em vez de se erigir contra ele. Assim, passou a combinar atividade artística e militância política, sendo que sua militância terá, no desenvolvimento de sua obra futura e de sua própria vida, conseqüências bastante profundas.

Um realista *no* studio sistem

Em 1944, depois de se tornar um consagrado diretor de teatro na Broadway, Kazan foi chamado por Hollywood. Com a ida a Hollywood, passou a fazer parte, ao lado de Nicolas Ray, Joseph Losey, Samuel Fuller, Fred Zinnemann e Robert Aldrich, da geração de diretores que foram influenciados pelo neo-realismo italiano. Portanto, ele afinou-se com um cinema marcadamente avesso a artifícios, que procurava mostrar a realidade fora dos estúdios. Os primeiros filmes de Kazan em Hollywood foram feitos para a 20th Century-Fox, sob a batuta de Darryl F. Zanuck, um dos mais respeitados produtores das "Majors" da fase áurea do *studio sistem*. No entanto, nesses primeiros filmes, é possível ver – ainda que tenham sido edulcorados por Zanuck – como as questões sociais estão em evidência. De fato, *Laços humanos* (1945) versa sobre as questões da puberdade numa família pobre: uma garota precoce no Brooklin tenta sair de sua classe social. *O justiceiro* (1947) trata de um erro judiciário. Filmado numa pequena cidade da Nova Inglaterra, mostra as tentativas de Andrew, o defensor público, de provar a inocência de um vagabundo, apesar dos preconceitos dos habitantes. A apresentação dos detalhes, a escolha das paisagens e as ótimas atuações do elenco emprestam autenticidade e força ao filme. *A luz é para todos* (1947), que recebeu o Oscar de melhor filme e direção, aborda a questão do anti-semitismo. Na trama, um escritor pagão se faz passar por judeu para investigar qual é o tratamento que lhe é dado pela imprensa na América. *O que a carne herda* (1949) toca no delicado problema do racismo negro (para a época, portanto antes do movimento pelos diretos civis na década de 60, esse tema era simplesmente fervilhante); no caso, uma sulista negra se complica ao se fazer passar por uma mulher branca. *Pânico nas ruas* (1950) mostra a investigação policial de um estrangeiro que entrou ilegalmente no país e foi assassinado. O motivo da perseguição é capturar aqueles que tiveram contato com ele para impedir que o país seja atingido por uma epidemia. Ocorre que, durante a investigação, se explicitam as mazelas da burocracia, do poder e da comunidade, que acabam dificultando as investigações.

Dentre os primeiros filmes, *O justiceiro* e *Pânico nas ruas* são os mais emblemáticos das preocupações de Kazan. Neles encontram-se reunidos, em igual medida, o problema do ajuste a uma situação de preconceito e o da ambigüidade das decisões dos protagonistas. As tramas são construídas de modo que, desde o início, fique demarcado que uma situação de mudança vai ocorrer e que tal mudança exige um posicionamento dos protagonistas quanto à adesão ou à resistência a ela. A história, pois, não é uma narrativa previsível interrompida por acontecimentos exógenos que, quando removidos, restauram a ordem. Pelo contrário, o *script* é quebrado o tempo todo: as ações humanas são marcadas constantemente pela exigência de tomada de posição, pois viver é assumir os riscos que a vida apresenta em cada esquina. A ordem, então, é uma armadilha para enganar os espíritos mais distraídos. Ora, ainda que esses primeiros filmes se ressintam do caráter de Zanuck, que orientava como deviam ser dosados os ingredientes de um filme para agradar ao público, pode-se observar que os conflitos se explicitam logo nos primeiros planos. Por isso, não há neles a estruturação clássica do cinema americano da época: uma situação que começa bem se quebra com a entrada de elementos estranhos até que, no final, a ordem é restabelecida. Em Kazan isso não ocorre: no início desses filmes já estão engendradas situações de crise que, por sua vez, não serão resolvidas no final.

Um cinema chamado pecado

Até *Pânico nas ruas*, Kazan só havia feito filmes em estúdios, e, embora sejam obras que tenham os problemas sociais como foco, o peso das decisões do produtor é determinante. Zanuck acompanhava os detalhes da produção e tentava antecipar o que iria acontecer. Assim, os problemas sociais eram facilmente transformados em história de amor. Kazan, em diversas entrevistas, lembrou que, por influência de Zanuck, o sexo nos filmes dessa fase inicial era, por assim dizer, dessexualizado. Do ponto de vista estritamente cinematográfico, ainda, ele entende que esses filmes são muito influenciados por uma marcação teatral, por conta de sua formação anterior e pelo fato de serem filmados em estúdio. Com *Pânico nas ruas*, inicia-se uma nova fase na carreira de Kazan; nesse filme, que não teve o dedo de Zanuck, ele pôde trabalhar mais livremente e, por isso, explorar com mais intensidade os recursos e o próprio realismo do espaço, antes reduzido aos cenários fixos do estúdio. Seguindo concomitantemente os neo realistas e o método de interpretação proposto por Stanislavski, Kazan mostra o porto no porto em Nova Orleans e, com isso, usa a câmara para documentar esse aspecto da realidade.

Kazan volta ao Sul dos Estados Unidos em seu filme seguinte: *Uma rua chamada pecado* (1951) – adaptação da peça de Tennessee Williams com a qual ele já havia obtido enorme sucesso na Broadway. No sul decadente, se opõem realidade e memória, atração e repulsa à brutalidade. *Uma rua chamada pecado* marca a ênfase de Kazan nas questões de fundo emocional e histórico. Blanche Dubois não é apenas uma mulher insatisfeita em busca de emoções; é, principalmente, uma mulher obrigada a viver num tempo que mudou e para o qual ela não foi preparada. Acostumada às formalidades, à elegância e ao cavalheirismo com o qual se formou no sul rico de sua juventude, ela se oporá à pobreza e à insipidez dos novos tempos. Contudo, ela acaba seduzida pela vulgaridade e brutalidade do cunhado, Stanley Kowaski (interpretado por Marlon Brando, algo como um ator fetiche de Kazan pelos anos 50), e pela realidade com a qual é obrigada a conviver. O realismo das cenas e a crueza na exposição dos desejos estavam completamente fora dos padrões hollywoodianos da época e isso fez do filme alvo de campanhas contra a sua exibição em nome da decência. O próprio Kazan, em seu livro de memórias (*A life*), chega a atribuir a sua primeira intimação para testemunhar na Comissão de Atividades Anti-Americanas à relação estreita entre MacCarthy e o Cardeal Spellman, que o teria indicado, descontente com o escândalo provocado por *Uma rua chamada pecado*.

A tensão proposta em *Uma rua chamada pecado* o aproxima de *Rio violento* (1960); em ambos existe o choque entre passado e presente, em ambos uma personagem feminina assimilará o inimigo. Tanto Branche Dubois quanto Carol, de *Rio violento*, se sentem atraídas por homens que estão em forte contraste com a representação masculina que elas construíram. Ou seja, em ambos a realização do desejo só é possível pelo pecado.

A delação e seus filmes autojustificativos

Depois de 1945 – com a Guerra Fria e o clima de controle das lealdades – pertencer ao Partido Comunista tornava seu membro um pária, um criminoso. Em 1952, ao ser intimado a comparecer à Comissão de Atividades Anti-Americanas, Kazan se afunda bruscamente e denuncia seus antigos companheiros comunistas. Como a biografia de Kazan é cindida pelo estigma da delação à comissão macarthista, a sua vida e a sua obra anteriores são reconstituídas de forma a permitir a compreensão desse ato, que acaba por se tornar a baliza de sua queda e de um novo começo. A reconstituição de seu passado pode servir tanto para afirmar a formação e a pertinência política junto a movimentos de esquerda, engajamento político com questões sociais e uma atividade artística conseqüente com esses valores, quanto para afirmar que ele os traiu por oportunismo, anticomunismo ou simplesmente covardia. De fato, é sob o prisma da delação, da colaboração que filmes anteriores como *Pânico nas ruas* e *Viva Zapata* podem ser interpretados. E, ainda, é sob o ponto de vista da delação que *Sindicato de ladrões* (1954) e *Os Visitantes* são compreendidos como autojustificativos.

A investigação em *Pânico nas ruas* tem de ocorrer de forma velada, pois se for divulgada criará justamente pânico. O esforço do agente federal consiste em procurar os infectados numa comunidade que não quer colaborar, que esconde o que sabe e, por isso, ao negar às autoridades as informações de que essas necessitam, só contribui para que o mal se espalhe. Os já contaminados, à medida que escondem os seus laços com o estrangeiro – temendo pelas conseqüências da colaboração com a polícia –, acabam morrendo. O problema então consiste em detectar onde a doença pode se disseminar e isso só é possível com a colaboração da comunidade. Fora de questão que Kazan admite a delação como meio de proteção da sociedade. Esse também é o ponto de vista a ser desenvolvido em *Viva Zapata*, filme no qual Kazan conta a história de Emiliano Zapata, que se torna um dos líderes da Revolução Mexicana, mas que é avesso ao poder. Em *Viva Zapata* o problema da delação se coloca em dois momentos. Primeiro, por meio da figura de Fernando Aguirre, um revolucionário profissional que acompanha Zapata quando este é poderoso, mas o abandona e o trai quando deixa o poder. Em seguida, pela figura de Eufênio, irmão de Zapata. Quando Zapata se torna presidente, Eufênio ocupa terras camponeses, mas Zapata toma o partido destes contra o irmão e mata-o. Ora, Zapata faz questão de matar o irmão, pois o considera um traidor. O assassinato pode ser visto como o análogo da delação: se existe um mal, é preciso que seja extirpado, por maior que seja a dor: os camponeses delataram Eufênio e não houve outra saída para Zapata senão matá-lo.

Sindicato de ladrões – realizado dois anos após a delação – é o filme de Kazan que mais gera polêmica, pois mostra uma situação na qual a colaboração e a delação são desejáveis. Terry Maloy, um elemento marginal do sindicato dos portuários, serve de isca para o assassinato de um estivador que colaborou com a Comissão Criminal do Cais. O contexto coloca Maloy na incômoda situação de ter que optar entre a obediência à lei do silêncio e a necessidade de colaborar com o poder público e denunciar os culpados. Ao se dar conta de que é apenas um detalhe num jogo de corrupção e imposição da lei do silêncio pela violência, Maloy acaba por colaborar com a comissão e diz a verdade sobre a morte do estivador. Sua ação é a de um homem só diante das circunstâncias. A delação se justifica na medida em que extirpa o mal e dá dignidade à existência inexpressiva de Maloy. O problema da delação vai ser retomado com outra chave em *Os visitantes*, primeiro filme americano sobre a Guerra do Vietnã. No caso, um ex-combatente de guerra recebe a visita de três ex-companheiros do Vietnã que ele havia delatado a uma comissão militar a qual os conduzirá à corte marcial por estupro, durante a invasão a uma aldeia do Vietnã. Na trama, o delator passa por seu julgamento: tem de suportar as gozações e ameaças dos visitantes.

A análise desses filmes leva a crer que existe uma relação profunda entre a delação e as convicções de Kazan. Não à toa, um fato bastante interessante em sua trajetória é que ele ressurge das cinzas, justamente, após o episódio da delação e lega uma das obras mais significativas do cinema americano dos anos 50, na qual a delação purga a sociedade de seus elementos corruptores. Ou seja, Kazan sobrevive ao estigma da delação e, paradoxalmente, justificava sua ação por meio de obras ao mesmo tempo densas e inquietantes, que representam um profundo mergulho em suas convicções. Esses filmes, no entanto, enfrentam o problema das conexões entre o estético e o político. Mesmo que para muitos estudiosos sejam verdadeiras obras-primas, também é certo que para esses mesmos estudiosos trata-se de obras que fazem elogio à delação; ou seja, não escapam de uma tentativa de defesa da delação dos antigos companheiros comunistas. De qualquer forma, é pelo menos embaraçosa a possível comparação entre a posição de Maloy em *Sindicato de ladrões* e a do próprio Kazan. No frigir dos ovos, ele, ao contrário de Maloy, não pode dizer que foi um peixe pequeno no Partido.

Obras ambivalentes e líricas

Ao lado de obras marcantes sobre delação, colaboração e enfoque social, Kazan levou a cabo alguns projetos de temática acentuadamente ambivalente e de fôlego lírico. *Vidas amargas* (1955), *Boneca de carne* (1956), *Rio violento* (1960) e *Clamor do sexo* (1961) são filmes com foco narrativo tenso; já começam marcados por movimentos incontroláveis, pela força que arrasta os personagens por caminhos tortuosos e imprevisíveis. O respeito às singularidades de cada um é destroçado pela força da natureza, pela intensificação das paixões, pela impossibilidade de soluções dos conflitos. *Vidas amargas* está todo centrado na relação ambivalente que se estabelece entre um patriarca no sul dos Estados Unidos e seus dois filhos adolescentes – um rebelde e outro ajustado ao convívio familiar. Tal qual a parábola bíblica – ambos os filhos se rivalizam pelo amor do pai –, a relação entre eles é pontuada por dúvidas torturantes e ressentimentos recíprocos. Se a dúvida e o ressentimento dão o tom de *Vidas amargas*, o caminho seguido em *Boneca de carne* é o da insinuação e o da sedução. Baseado numa peça de Tennessee Williams, trata das relações cruéis que se estabelecem quando um comerciante esperto invade as frágeis existências de Archie e de sua imatura esposa.

Rio violento e *Clamor do sexo* seguem a trilha de *Vidas amargas* e *Boneca de carne*. O primeiro – um dos filmes menos teatrais de Kazan – tem como foco o embate entre a cidade e o interior, o velho e o novo, a conveniência e o compromisso. Esses elementos se apresentam quando um agente das autoridades do Vale do Tennessee empreende uma luta para persuadir uma obstinada senhora a abandonar sua casa antes que esta seja tomada pelas águas de uma barragem em construção. Nesse filme, o que se tem em vista é a oposição entre duas visões que não se reconciliam; entretanto, mesmo que se dê razão a uma delas, não é senão com pesar que a outra é deixada de lado. Assim, um conflito banal, porque qualquer condicionante de conciliação está fora de cena, torna-se dramaticamente mais complexo do que se poderia supor. A idéia de que as situações corriqueiras podem convergir para dramas existenciais é retomada de modo vertiginoso em *Clamor do sexo*, cujo tema central é a passagem do tempo, que pode ser entendido quase exclusivamente pela idéia de rito de passagem, e a mudança histórica ou, mais especificamente, a degradação a que as pessoas estão submetidas pelo devir dos acontecimentos. Nesse filme, Kazan procura descrever como o tempo metamorfoseia adolescentes apaixonados em estranhos, um poderoso proprietário de terras em homem acabado, um país estável em um povo à deriva, uma moral estabelecida em moral caduca. A destruição ou a corrupção de valores, eis o dilema, eis o eixo desse filme que tem como marca a idéia de crise. Com a ingenuidade do casal adolescente contrasta a crueza do destino: eles se amam perdida e glamorosamente, mas a oposição dos pais e as conveniências os levam à ruptura.

Rio violento e *Clamor do sexo*, concebidos a partir de situações cândidas, são filmes dramaticamente complexos porque, justamente, Kazan não trabalha os enredos na linha da conciliação possível entre os contrários. Nesses filmes não há nem redenção nem conversão; por isso, em ambos, nenhum dos lados sai imune ao conflito. O drama se configura porque Kazan coloca seus personagens num beco sem saída: não se trata de pensar que um dos lados pudesse abrir mão de sua posição, pois quem assim o fizer apenas estará empurrando o conflito para a frente.

Algumas reflexões sobre a América

Num primeiro momento, Kazan pode ser entendido como um imigrante que pela de sua arte fez um acerto de contas com sua origem greco-turca. O cinema foi o meio para que ele purgasse alguns de seus demônios. A América, terra de liberdade, o acolheu e ele, por intermédio do cinema e da colaboração, levou até as últimas conseqüências essa dívida de gratidão. Para se americanizar, ele passou por um rito de passagem: protegeu a América pela delação. Da mesma forma, americanizou-se na medida em que realizou filmes com temáticas tão obsessivamente americanas.

Dos filmes, o que se pode dizer é que, *Uma rua chamada pecado*, *Sindicato de ladrões*, *Rio violento* e *Clamor do sexo* se inscrevem no rol das obras marcantes produzidas na América. Obras que, tanto quanto polêmicas – envolvem o problema da autojustificação e o da ambigüidade nas relações privadas –, possibilitam uma reflexão sobre a formação e o sentido da liberdade, da propriedade, da defesa de idéias para um povo cuja idéia de integração não está separada da desconfiança. Assim, Kazan produziu uma filmografia na qual se pode fazer uma radiografia de algumas neuroses americanas, principalmente dos habitantes do Sul, com suas contradições, tensões e necessidade de auto-afirmação.

Terra do sonho distante (1963), *Movidos pelo ódio* (1969) e *O último magnata* (1976) são seus últimos filmes, aqueles mais propriamente autobiográficos, em que ele revela seu pessimismo e certo ressentimento, portanto, sua visão desacreditada dos rumos que sua vida teve, tanto em relação aos seus ideais de integração na América quando ao seu ingresso em Hollywood (o último, baseado no romance inacabado de Fitzgerald, traça o perfil de Irving Thalberg). Se não podem ser considerados grandes filmes, se carecem da força dramática, da tensão e da ambivalência de suas obras mais marcantes, não se pode negar que se trata de exemplares sinceros de um diretor no mínimo controvertido, que marcou como poucos o panorama cultural americano ou por sua coragem ou por sua covardia.

REVISTA DE CINEMA, ANO II, Nº 20, DEZEMBRO DE 2001.

JEAN RENOIR

Um moralista nas telas

Jean Renoir, filho do pintor impressionista August Renoir, nasceu no Château des Brouillards, Paris, em 1894 – dois anos antes que os irmãos Lumière exibissem *L'arrivée d'un train en la gare de La Ciotat* – e, assim como o pai na pintura, tornou-se um dos maiores e mais criativos realizadores numa arte que praticamente viu nascer. As primeiras imagens de Jean Renoir foram registradas pelo gênio do pai: *Jean Renoir brincando com Gabrielle* (1895), *A família do artista* (1986). O cineasta se recordará desses momentos mais tarde: *La petite marchande d'allumettes* (1928) evoca os primeiros anos do artista, a atenção e a ligação de seu pai com os filhos. Parece útil considerar essa ligação justamente porque Jean Renoir não é só o filho de Auguste Renoir, o pintor que se tornou uma figura proeminente no universo das artes (de resto, a história da arte apresenta muitos exemplos de filhos que seguem a genealogia paterna), pois a ligação entre eles fornece uma chave que permite a compreensão da obra do filho à luz do caminho indicado pelo pai. Precisamente, tanto quanto o pai, Renoir, pela sua arte, procurará captar as impressões mais sutis do cotidiano; tanto quanto o pai, o cineasta legará uma obra que permite ao espectador entrar em contato com os valores e as aspirações mais sublimes de uma época. Através da câmera o cineasta captou o clima reinante entre os franceses no período que antecede a Segunda Guerra, do mesmo modo que o pintor usou o pincel para retratar os hábitos dos franceses na *belle époque*. Assim, é dessa ligação que se pode explicar o caráter da "arte de Renoir" – o cineasta – e tudo o que ele expressou em suas imagens ternas e alegres.

Renoir passou a infância no Château des Brouillards, local bastante freqüentado por modelos de seu pai, por artistas, escritores e marchands. É nesse ambiente que se deu sua formação cultural, em que ele travou conhecimento com o universo das artes. Compreende-se que o clima propiciado pela casa paterna, assim como a admiração e o respeito do pai, se fizeram sentir quando Renoir começou a manifestar interesse em se tornar escritor. É com essa intenção que ele iniciou seus estudos na universidade e, no início dos anos 10, cursou os primeiros anos de filosofia. Renoir, no entanto, teve de interromper seus estudos universitários em virtude da irrupção da Primeira Guerra Mundial. Ele serviu em um regimento de montanha. Enviado à frente de batalha, sofreu um grave feri-

132 Humberto Pereira da Silva

mento na perna. Com o fim da guerra, Renoir casou-se, em 1919, com uma modelo de seu pai – Chatherine Hessling – e, em seu retiro em Mariotte, dedicou-se à cerâmica. Mas não por muito tempo, pois os filmes de Chaplin e os experimentos vanguardistas de Louis Delluc, que dirigiu *La roue* (1922), despertaram seu entusiasmo pelo cinema. Dirigiu, então, *La fille de l'eau* (1924), que se inscreve entre os grandes experimentos do vanguardismo cinematográfico. Depois dessa primeira experiência, Renoir viu *Foolish wives* (1924), de Eric Von Stroheim, que o impressionou profundamente, tanto que, para muitos críticos, esse filme parece ter condicionado o estilo e a temática de toda a sua obra posterior, obra extensa, multiforme e que abarca diversos períodos.

Os filmes mudos

Os filmes mudos de Renoir são dominados pela sua principal intérprete: Catherine Hessling. Foi para ela que realizou *La fille de l'eau, Nana* (1926), *Charleston* (1927) e *La petite marchande d'allumettes*. O que ressalta nos filmes mudos de Renoir é que neles o artista persegue, em primeiro lugar, a aprendizagem de seu ofício no simples plano da técnica. A importância que ele dedica ao estilo fotográfico, à ilusão e à escolha das objetivas é marcante em *La petite marchande d'allumettes*. A preocupação principal de Renoir nesses filmes é, pois, a de ampliar pelo reenquadramento lateral o campo de *écran*, aprofundado pelas suas objetivas. Com essa finalidade, a panorâmica e o *travelling* lateral serão os dois movimentos principais de sua câmara. Ainda que em seus filmes mudos Jean Renoir esboce, tanto nos temas quanto na linguagem (a famosa seqüência da caçada em *A regra do jogo* encontra-se prefigurada em *Le bled*), a maior parte do que irá desenvolver em sua obra sonora, não há consenso entre os críticos e os historiadores quanto ao valor dos filmes dessa fase. Para André Bazin, os planos e os enquadramentos desses filmes sucedem-se sem rigor e apelo dramático, de sorte que a obra muda de Renoir está irremediavelmente marcada por um caráter inacabado e de expectativa.

Os anos 30

O início dos anos 30 é bastante frutífero para o cinema francês. É a época do realismo poético, tendência que levou os cineastas franceses, com a chegada do filme falado, a trocar a vanguarda experimental por uma estética naturalista. O realismo poético teve início com *Sob os telhados de*

Paris (1930) e *A nós a liberdade,* (1931) de René Clair. Com essas obras, que apresentam personagens das camadas populares em ambientes sórdidos, criou-se um estilo próprio de mostrar a realidade de forma tão poética quanto melancólica. Além de René Clair, Marcel Carné, Julien Duvivier, Jacques Feyder, Marcel Pugnol e Jean Renoir são os expoentes dessa tendência. Mas se Clair deixou imediatamente marcas profundas na cinematografia francesa (até o surgimento dos críticos dos *Cahiers du Cinéma* era considerado o maior cineasta da França), Jean Renoir foi aprimorando sua técnica até realizar suas obras mais significativas. *On purge bébé* (1931), seu primeiro filme falado, ficou conhecido principalmente pelo ruído do autoclismo e pelo aparecimento do cômico Fernandel e *Boudu salvo das águas* (1932) não vai além da brincadeira com o problema da verossimilhança. Uma das melhores cenas de *Bodu*, a da tentativa de suicídio na Pont des Arts, foi visivelmente filmada contra a lógica da cena. A multidão, amontoada na ponte constitui uma figuração e não assiste a uma catástrofe, mas a uma simulação. A montagem revela que Renoir não teve a intenção de fazer com que o espectador admita que a multidão se interessa por Bodu. O efeito a se obter é o da suspensão da verossimilhança pela dissimulação da emoção: a cena se assemelha a uma charada na qual o espectador conhece o truque de antemão.

Ainda no plano da experimentação da linguagem, *La chienne* (1931) revela uma decidida profundidade de campo idêntica à utilizada em *Bodu*. A janela da casa dá para um pátio estreito, para o qual se abrem as janelas dos apartamentos vizinhos: vê-se uma mulher arrumar a casa e um rapaz ao piano ensaiando as primeiras notas. No próprio interior do apartamento as ações dos personagens realizam-se, de uma divisão para outra, em profundidade. *La chienne* assinala para uma baliza que marca a obra de Renoir até o desenlace da guerra, pois com esse filme ele propõe não um estudo psicológico, mas uma pintura do caráter dos personagens em um meio social muito precisamente determinado. De qualquer forma, nesses primeiros filmes falados, Renoir ainda se ressente de tentativas de experimentação no plano estético. A grande guinada em sua obra ocorre a partir de *O crime de M. Lange* (1936). É nesse filme que Renoir conjuga suas preocupações mais propriamente estilísticas ao contexto político-social e, com isso, se coloca no mesmo patamar que René Clair. Contribuem para essa guinada os acontecimentos políticos da segunda metade dos anos 30. Com a proximidade da guerra, os fatos sociais passam a ocupar grande espaço na evolução das idéias e influem diretamente na vida francesa. O espírito de cooperação na época da Frente Popular se ajusta à mentalidade de Renoir e à sua concepção de obra de arte. A partir de 1935, então, sua preocupação quase que obsessiva pela realidade social determina a realização de seus filmes. *O crime de M. Lange* é o primeiro de uma série em que se incluem *La vie est à nous* (1936), *Basfonds* (1936) e *La Marseillaise* (1937). É essa série de filmes centrados em problemas sociais que antecipam aquelas que são suas obras fundamentais, a saber: *A grande ilusão* (1937), *A besta humana* (1938) e *A regra do jogo* (1939).

De fato, *O crime de M. Lange* foi filmado numa atmosfera histórica e política muito especial, o que explica em parte o espírito geral do filme. Em 1935, véspera das eleições da Frente Popular, a equipe que presidiu tanto a sua concepção quanto a sua realização estava, de algum modo, impulsionada pelos mesmos ideais dos personagens da história. Na trama, Amédée Lange trabalha numa editora de publicações populares que está à beira da falência. A editora fica à deriva quando seu editor, para fugir dos credores, se faz passar por morto após um acidente. A despeito disso, a editora não vai à falência porque os empregados passam a geri-la e, ainda, porque ela alcança um êxito triunfal graças a uma obra ingênua escrita justamente por M. Lange Ao saber do sucesso da editora, o ex-diretor – um falso morto – retorna para estragar a festa e fazer valer os seus direitos sobre a casa em ascensão. Porque fora a falsa morte do diretor que permitiu tudo aquilo, M. Lange se coloca na posição de ter de matá-lo de verdade. Então, ingenuamente, dispara sobre o ex-patrão.

Trata-se, como se pode notar pela descrição, de um filme de tese: contra os maus patrões e a favor da solidariedade operária. O que está em pauta é, pois, o tema da ação violenta – o terror – que, no caso, se justifica na medida em que uma classe explora a outra. O tema da justificativa da ação violenta está na base da polêmica Sartre/Camus, anos depois do término da guerra, e, igualmente, na execução, em 1945, de Robert Brasilach, um dos mais perspicazes críticos de cinema da época, que militou na Ação Francesa (Brasilach, aliás, serviu de modelo para um personagem de *O último metrô*, de François Truffaut). *O crime de M. Lange* – concebido no mundo cinematográfico da *Rive gauche* – seria suficiente para colocar Renoir entre os maiores realizadores do cinema. Além das questões político-morais que encerra, trata-se do trabalho em que os exercícios estilísticos de seus filmes anteriores – o princípio de realização concêntrica e em profundidade de campo, a panorâmica de 360 graus e invertida – atingiram a maturidade. Contudo, em vista do que veio depois, *O crime de M. Lange* pode ser considerado apenas uma *overture*.

Três obras fundamentais

Nos anos que antecederam o início da guerra, Jean Renoir realizou três filmes que são unanimemente considerados suas obras fundamentais; são filmes que encerram à perfeição sua concepção de obra de arte e suas preocupações político-sociais. O primeiro, *A grande ilusão*, estabeleceu-se, desde o início, como uma obra de arte inconteste e granjeou uma legião de admiradores (em 1958 foi classificado entre os cinco maiores filmes de todos os tempos por um conjunto de críticos e historiadores em Bruxelas). Os outros dois (*A besta humana* e *A regra do jogo*), em contrapartida, tiveram de esperar alguns anos para terem seus méritos reconhecidos.

A grande ilusão foi apresentado em 1937 em um clima político sem dúvida favorável. Ao raiar da Segunda Guerra Mundial, é menos um filme de guerra e mais um filme sobre homens diante da guerra, e muito mais sobre homens que vão à guerra com um espírito e uma formação determinados. Com esse filme, Renoir visa a denunciar, para além do confronto, o que a guerra revela de vão, como ela não responde a nenhuma verdade humana e a nenhum problema. A ação se passa na Primeira Guerra Mundial, num campo de refugiados para prisioneiros na Alemanha. O Capitão Boïeldieu (Pierre Fresnay), oficial de carreira, e Maréchal (Jean Gabin), antigo mecânico promovido a tenente, são abatidos atrás das linhas alemãs e ficam sob a guarda do Capitão Von Rauffenstein (Eric von Stroheim). Boïeldieu e Rauffestein são da mesma classe social: nobres e militares de carreira. Após numerosas tentativas, Maréchal consegue fugir graças ao sacrifício de Boïeldieu, que obriga Rauffestein a disparar sobre ele. A mensagem do filme é, pois, uma demonstração do descompasso entre os valores da nobreza e os motivos que levam homens dessa classe a se enfrentarem na Primeira Guerra, visto que essa guerra – uma guerra entre nações – revela, paradoxalmente, a falsidade de todas as fronteiras. Daí que os homens são menos separados pelas barreiras verticais do nacionalismo do que pela clivagem horizontal das culturas, das raças e das classes sociais. Do mesmo lado da linha, Boïeldieu e Maréchal revelam menos semelhanças que as que existem entre Boïeldieu e Rauffestein – inimigos no campo de batalha –, cujas marcas da nobreza, em contraste, são anacrônicas e estão condenadas. O que há de mais significativo em *A grande ilusão* é que é somente pela clivagem das classes que se pode apreender a razão pela qual Boïeldieu afirma sua nobreza sacrificando-se em benefício de Maréchal. A ilusão é que sua ação é um profundo contra-senso: a guerra em que Boïeldieu e Rauffestein estão envolvidos enterra os valores que a justificam.

O problema da justificação de uma ação individual, presente em *O Crime* e *A grande ilusão*, é retomado em *A besta humana*. Não obstante, a realização desse filme será devida a um conjunto de circunstâncias externas às intenções de Renoir. Ocorre que, depois de trabalhar, com Jean Gabin em *Bas-fond* e *A Grande Ilusão*, Renoir estava imbuído do desejo de realizar um sonho de infância – *Train d'enfer* – com o astro da época. Como o projeto não foi levado adiante, Renoir acabou seguindo uma recomendação do produtor Robert Hakin, que pensava numa adaptação de *A besta humana*, de Émile Zola. Renoir, então, apesar de ter tido um contato penas superficial com o romance, redigiu em quinze dias o roteiro do filme, incluindo Gabin como ator principal. Apesar de se apoiar no naturalismo de Zola, o gênio de Renoir é diametralmente oposto ao do romancista. Assim, ao adaptá-lo, Renoir provocou modificações significativas em seu conteúdo dramático. Quase todos os personagens mostram-se passivos quanto ao rumo dos acontecimentos, de modo que o caráter de cada um o designa como vítima de um destino do qual não pode se desligar. Não são os sentimentos que importam, nem mesmo as paixões, mas a engrenagem das circunstâncias. Quando Séverine (Simone Simon), amante de Lantier (Jean Gabin), o conduz para o crime, ela não é senão o instrumento de sua própria desgraça. O crime não resulta de uma escolha; ele está inscrito, como uma nódoa de nascença, no caráter do criminoso. Contudo, ao contrário de Zola, Renoir não dramatiza a narrativa. A grandeza do filme reside na plasticidade e no ritmo com que as imagens são construídas. Por isso, ainda que seja uma tragédia, *A besta humana* de Renoir presta-se mais como sátira: os elementos sociais e psicológicos do romance estão quase que ausentes no filme.

A besta humana foi muito mal recebido pelo público e pela crítica. Entretanto, nenhum outro filme de Renoir se ressente tanto de seu estilo cáustico quanto *A regra do jogo*. Exibido pela primeira vez em 1939, esse filme causou furor. Nem o público, nem a maior parte da crítica reconheceram naquela que pode ser considerada a obra-prima de Renoir a mais ampla expressão de uma época condenada. Ao fim de duas semanas em cartaz, *A regra do jogo* foi retirado e, quando a guerra começou, a sua projeção foi desaconselhada devido ao seu caráter "desmoralizador". Em 1940, quando os alemães ocuparam Paris, destruíram o negativo original. No final da guerra foi recuperada uma cópia (reduzida de 110 para 85 minutos) e *A regra do jogo* voltou às salas sem melhor sorte: público e crítica continuavam hostis ao filme. A sorte só começou a mudar quando, graças aos esforços de André Bazin, foi possível reconstituir e restaurar a versão original, que estreou em Veneza em 1959. A partir de então, principalmente porque os "jovens turcos" dos *Cahiers du Cinéma* passaram a defendê-lo como obra-prima, *A regra do jogo* conheceu uma das maiores reviravoltas críticas que se conhece. Não que falte os que, em contrapartida, argumentam que se trata de um filme superestimado (no Brasil, José Lino Grünewald sustenta que apenas *Une partie de campagne* justifica alguma admiração por Renoir; já Paulo Francis revela não ter uma posição definida sobre *A regra do jogo*, uma vez que, em determinado momento, diz se tratar de uma obra-prima, mas, em outro, que não passa de mera pretensão de um francês que quer se ombrear com Voltaire). De qualquer forma, desde os anos 60, esse filme tem sido cultuado como poucos e despertado as mais diversas discussões sobre o seu valor de obra de arte.

A regra do jogo é construído sobre dois conjuntos temáticos que se penetram e se interferem: a caçada e a festa no castelo. A seqüência em que aristocratas caçam coelhos de modo quase cândido, despreocupados com os rumos do mundo à sua volta, não é mais que uma paródia da festa que ocorrerá no castelo. Assim como na caçada, a festa no castelo é um jogo no qual diferentes classes convivem em um final de semana, e a única regra é que para a aristocracia não há regras. A corrida nos corredores e as relações cruzadas entre senhores e criados, apesar da ironia burlesca e do cômico das situações, são uma verdadeira caçada, a tal ponto que termina como alguém abatido por um guarda em razão de um duplo mal-entendido. Em *A regra do jogo* a agonia dos coelhos e o jogo às escondidas nos corredores do castelo são as realidades principais em redor das quais se enrolam as espirais dramáticas das cenas. Para André Bazin, a grande qualidade do filme é justamente que Renoir conseguiu dispensar totalmente as estruturas dramáticas e entrelaçar alusões, correspondências e um carrossel de temas de conteúdo moral no qual nenhuma imagem é inútil ou intempestiva. *A regra do jogo*, súmula das obras de Renoir, atinge, ao ser concebida como sátira, o ápice do desprezo pela verossimilhança dramática e psicológica. Tudo que acontece aos personagens é vão, absurdo e revelador de uma sociedade que está para sucumbir.

Estada em Hollywood

A regra do jogo foi o último filme de Renoir realizado na França antes que ele rumasse à América para escapar dos nazistas. Em Hollywood ele trabalhou para a 20th Century-Fox e para a RKO. Nesses estúdios ele realizou *O segredo do pântano* (1941), *Esta terra é minha* (1943),

Segredos de alcova (1946) e *A mulher desejada* (1946). Apesar das facilidades materiais de que dispunha, Renoir experimentou uma certa inquietação tanto com relação aos filmes que realizou em Hollywood quanto ao encaminhamento que deu ao seu trabalho em solo americano. O desagrado de Renoir foi compartilhado por seus compatriotas. Desde *O segredo do pântano*, os filmes que ele fez na América foram muito mal recebidos na França. A opinião geral era a de que Renoir não se acomodou às condições do sistema de estúdio, que inevitavelmente limitavam sua liberdade de criação. O tom cáustico de seus filmes foi simplesmente desfigurado em suas realizações americanas. E, ao contrário do que ocorreu com Hitchcock, não houve conciliação possível entre Renoir e as exigências de produtores como Darryl F. Zanuck. Alguns anos mais tarde os críticos dos *Cahiers* tentaram reabilitar o Renoir americano. Contudo, ao contrário do que ocorreu com *A regra do jogo*, tal tentativa redundou em fracasso, e a estada de Renoir em Hollywood passa à história como um grande desencontro entre o artista de gênio que criou *A regra do jogo* e o sistema de produção em série.

Retorno às origens

Após as obras amargas realizadas na América, que o afastaram do realismo poético, e de uma experiência singular na Índia, onde realizou *Rio sagrado* (1950), Renoir retornou à França e iniciou com *Le carrosse d'or* (1952) as grandes meditações sobre o espetáculo que caracterizam suas obras finais. No quarto período de sua carreira, *French can-can* (1954) é um marco. Na volta à França, Renoir já não é mais o mesmo, e *French can-can*, mais que qualquer outro filme que ele realizará a partir de então, parece refletir as mudanças sofridas. De fato, esse filme está nos antípodas das obras fundamentais realizadas por Renoir nos anos 30. Em *French can-can* Renoir evoca a formação do Moulin-Rouge para mostrar, em contraste com *A Grande Ilusão*, que os extremos se tocam, que Toulouse-Lautrec não é outra coisa senão a encarnação de uma aristocracia lançada no mundo do vício pela extrema consciência de si mesma, não para se negar, mas para encontrar, no submundo da escala social e moral, uma dignidade que não se encontra na nobreza de sangue. Embora não seja o último filme de Renoir, *French can-can* é sua última obra-prima, além de ser a obra mais terna e mais alegre que ele fez em seu retorno – *Le déjeuner sur l'herbe* (1959) carece do mesmo encanto. De certa forma, com ela Renoir fez um acerto de contas com o pai e, ainda, retoma o tom descompromissado de retratar a vida de *Une partier de campagne*.

Jean Renoir, então, produziu uma obra vasta, que comporta, em suas diversas fases, questões e tendências tão diversas quanto conflitantes. Contudo, um filme de Renoir nota-se pelo sentido com que ele trata o tema da felicidade: um agudo contraponto entre ceticismo e ironia. É esse jogo sutil de contraponto constantemente moral que imprime à sua obra uma verve ao mesmo tempo terna e satírica, da qual não se pode descolar aquele modo disfarçadamente leve de pendular alegria e desespero, num tom digno da tradição dos escritores moralista franceses.

REVISTA DE CINEMA, ANO II, Nº 2, FEVEREIRO DE 2002.

PETER GREENAWAY

A *arte da imagem*

Na década de 60, com os jovens turcos da *Nouvelle Vague* (Godard e Resnais), a acomodação do neo-realismo à transgressão comportamental (Fellini e Pasolini) e a explosão das novas cinematografias do Terceiro Mundo (Glauber Rocha no Brasil e Arturo Ripstein no México), as polêmicas sobre cinema se caracterizaram principalmente pelas tentativas de redefinição da natureza e da peculiaridade da linguagem cinematográfica. Essas polêmicas envolviam questões como: O que faz com que as imagens em movimento sejam catalogadas como uma forma de expressão artística autônoma? Quais são os limites para a linguagem das sombras móveis? As imagens em movimento canalizam angústias e engajam para a transformação social? Os grandes realizadores *sixties* trataram dessas questões em diferentes níveis. As preocupações com as rupturas dos códigos de referência, com o experimentalismo formal e com o estabelecimento de vanguardas comportamentais são traços característicos nas obras-primas do período. Passada a transgressividade dos 60, hoje há uma certa frieza e desconforto em grande parte da crítica ao se deparar com obras que fazem poucas concessões ao *mainstream*. De certa forma, para muitos críticos, tudo que havia de bom na busca de novas definições para a arte de movimentar imagens passou a ser taxado ou de pernóstico ou de hermético. É o caso das tentativas levadas a cabo, a partir de meados dos 80, por realizadores como Jos Stelling, Derek Jarman, Jim Jarmusch, David Cronenberg, David Lynch e Peter Greenaway. Autores que, cada um a seu modo, seguem a clareira aberta pelos cineastas dos anos 60. Desses transgressores temporãos, Greenaway (justamente o cineasta que considera que o cinema como forma de arte se encerrou com Godard) é a matéria-prima das linhas que se seguem.

Peter Greenaway nasceu em Newport (País de Gales), em 5 de abril de 1942. O pai, um ornitólogo diletante, transmitiu-lhe a paixão pelos pássaros e, de certa forma, isso terá grande importância em muitos de seus filmes. Quando criança, Greenaway e a família mudaram-se para Londres. É na capital britânica que, aos 16 anos, ele é convidado por um amigo para assistir a uma projeção de O *Sétimo Selo*, de Ingmar Bergman. Esse evento marcará profundamente sua decisão de se tornar cineasta. Desde aquele momento desenvolverá uma grande paixão pelo cinema, e em particular por cineastas como Antonioni, Godard, Truffaut e Resnais. O *ano passa-*

do em Marienbad e *Acossado* encabeçam a lista de seus filmes preferidos. Contudo, sua tentativa de ingressar na Royal College of Art Film fracassa; ele matricula-se, então, no Walthamstow College of Art, passa a dedicar-se à pintura e tem sua primeira mostra na Lord's Gallery, em 1964. Ao mesmo tempo, começa a escrever romances e contos, inspirados particularmente em J. L. Borges e Ítalo Calvino. Mesmo se dedicando inicialmente à pintura, Greenaway encontrou trabalho no Britsh Film Institute, onde teve oportunidade de assistir a muitos filmes experimentais clássicos, comprou uma Bolex de 16mm e começou a realizar curtas com recursos próprios. Em 1965, após uma breve incursão pela crítica cinematográfica, começa a trabalhar como técnico de montagem na Central Office Information. Entre os oitenta documentários de que participou pelo COI estão: *Train e Revolution*. Até 1978, seus curtas e documentários para TV atraíram a atenção internacional e venceram muitos prêmios, mas é só em 1978, com *A walk through H* (produzido pela Britsh Film Institute), que Greenaway alcança efetivamente sucesso internacional, ao obter o Prêmio Hugo no Festival de Chicago. Animado com as perspectivas que se abrem, dá à luz ao seu primeiro longa, *The falls* (1980), com o qual vence o *Âge d'or* em Bruxelas. Após *The falls*, o longa seguinte será *The draughtsman's contract* (O contrato do amor – 1982), que é apresentado no Festival de Veneza. Embora O *contrato do amor* não tenha vencido o festival, é com esse filme que Greenaway firmará seu nome entre os grandes inovadores do cinema, ao obter ótima acolhida tanto de público quanto de crítica.

Greenaway é personalidade das mais instigantes da cena atual. Sua obra caminha das artes plásticas, da montagem e do documentário ao cinema experimental. Artista multimídia, o maior exemplo da criatividade de Greenaway foi o evento "100 Objetos", apresentado em Viena em 1991, com uma ópera, vídeos, quadros e filmes. Na ocasião, o artista recolheu cem objetos para representar a Terra e não deixou de lado sua fina ironia, a morbidez, a erotização, enfim os elementos obrigatórios de sua concepção de arte. Com formação em artes plásticas e literatura experimental, Greenaway aproveita essas possibilidades em sua obra fílmica: usa pinturas para ilustrar seus filmes (bem como parte dos cenários), escreve os roteiros, faz *storyboards* e cria os figurinos. Daí que seus filmes sejam composições elaboradas com forte impacto visual: seus enquadramentos são compostos como pinturas; a estaticidade de suas cenas sustenta-se no uso muito lento do *zoom* e em longos e solenes *travellings* laterais; são poucas as concessões à narrativa cinematográfica tradicional. De certo modo, pode-se dizer que sua obra fílmica é apenas parte de um grande volume de trabalhos que vão de desenhos a instalações, de performances ao vídeo, de óperas à Internet, de exposições a todo tipo de evento multimídia.

Entretanto, é em seus longas que se pode encontrar a pedra de toque de sua concepção de arte e de sua visão de mundo. Isso porque em seus filmes Greenaway manipula a realidade por meio de metáforas visuais, ao aproximar vertiginosamente as imagens que se vêem na tela do cinema das imagens que a mente do espectador guarda de um quadro visto em outra ocasião, uma vez que a narrativa fílmica é estruturada pelo viés da imagem e por meio de referências visuais do vocabulário imagético de cada espectador (apesar de ter nascido artisticamente como pintor, é a pintura que converge para o cinema). Com isso, sua visão de que o mundo é regido por leis transgredidas pelo homem e sua obsessão por listas, números, labirintos, pela decomposição da matéria e pela morte acabam por encontrar eco nas artes plásticas. Por conseguinte, as naturezas mortas são muito importantes na construção das cenas de seus filmes, como elementos de composição pictórica e registro do labirinto de referências e sugestões. É a partir desses elementos, pois, que se pode revelar a faceta mais interessante do cinema de Greenaway, que transita entre os círculos da alta e da baixa cultura e ilumina as entrelinhas da comédia humana. O efeito a ser obtido é o de espelhamento da platéia na tela do cinema: o jogo entre o cineasta e o público se torna parte fundamental da estrutura do filme. Não à toa Greenaway pouco se interessa em "contar uma história". Esse papel cabe à literatura, e o cinema jamais poderá competir com a narrativa literária, pois o propósito do filme, para que seja uma forma de expressão com uma linguagem autônoma, não é o de "contar histórias", mas sim o de despertar emoções pelo espelhamento das imagens, pelas referências que suscita, pelo uso de cenografias e de músicas. Dessa forma, acredita Greenaway, seus filmes buscam expandir as formas de expressão do cinema. "Se você quiser contar histórias, seja um escritor, não um cineasta", eis a máxima greenawayana.

Fantasias sexuais, dejetos e danação do corpo

No trabalho cinematográfico de Greenaway podem-se notar manifestações de fantasias sexuais em diferentes perspectivas. Jogos envolvendo fantasias sexuais, dejetos e danação do corpo são recorrentes em sua obra. É o que se pode observar em filmes que vão de *The draughtsman's contract* (*O contrato do amor* – 1982) até *8 1/2 Women* (*8 1/2 Mulheres* – 1999). *O contrato do amor* é concebido a partir de um proprietário que contrata um paisagista para fazer uma série de desenhos de sua propriedade rural. Como forma de pagamento, o proprietário permite ao paisagista manter relações sexuais com sua esposa. Quando o proprietário é encontrado morto, os desenhos são vistos como uma forma de compreender o que realmente aconteceu. Assim, ao mesmo tempo que as fantasias sexuais se explicitam, elas acabam fornecendo pistas para a solução do crime. Tudo isso tendo como pano de fundo a arte paisagística inglesa do século XVII. Enquanto *O contrato do amor* volta-se para as ambivalências sexuais da época dos Stuarts, *8 1/2 Mulheres* tem adiante fantasias sexuais no mundo pós-moderno. Nesta parábola sobre fantasias sexuais, um milionário e seu filho, depois que o pai fica viúvo, montam um bordel para uso próprio, na grande casa da família, em Genebra. Recrutam, então, mulheres japonesas para o harém. Na cena pós-moderna, as fantasias sexuais masculinas estão supervalorizadas e reverenciadas: as mulheres são, aparentemente, tratadas como lixo. No entanto, elas exaurem o paraíso sexual, e os homens acabam confusos, entediados e manipulados. O bordel entra em colapso. Tantas mulheres juntas, numa ligação entre Oriente e Ocidente (Genebra e Kyoto parecem vizinhas), acabam destruindo o bordel, à medida que elas passam a se manifestar. O que há em comum no modo como Greenaway aborda temáticas sexuais nesses filmes é a zombaria, o escárnio com que as mulheres encaram supostas relações de dominação dos homens. Num e noutro, o que se observa é um jogo: os homens aparentemente dominam, aparentemente caçam, mas acabam presos à perversidade feminina. Quem aborda questões dessa natureza com essa ênfase só pode gerar polêmica. Greenaway, contudo, deliberadamente faz pouco de qualquer rótulo politicamente correto.

Se em *O contrato do amor* e em *8 1/2 Mulheres* o sexo é abordado pelo viés das fantasias de dominação, em *A zed and two Noughts* (Zôo – Um z e dois zeros – 1985) Greenaway agrega outro tempero ao tema: o sexo está atrelado à bizarrice e à zoofilia. Os dois personagens principais da trama (dois gêmeos siameses, empregador em um jardim zoológico), após as mortes de suas respectivas esposas em um acidente de carro insólito (o vôo rasante de um cisne atropela o carro), mantêm relações sexuais, ao mesmo tempo, com a única sobrevivente do acidente: uma mulher que se apraz em contar mórbidas histórias de sexo, que perdeu as duas pernas em conseqüência do acidente. Para completar o insólito, há ainda uma empregada do zoológico que se relaciona com zebras. Nesse filme, o que importa não é tanto a relação de dominação nas fantasias, mas principalmente o absurdo da decomposição do corpo. Em cada beijo, em cada relação sexual estão presentes todos os elementos da putrefação do corpo (milhares de microorganismos são trocados na busca do prazer). Sexo e deterioração do corpo caminham de mãos dadas. Apenas o acaso garante a continuação da vida. Beleza e pureza são válvulas de escape no inexorável ciclo da vida.

Depois de *Zôo*, Greenaway volta a dar um tratamento pouco convencional às questões sexuais em *The cook, the thief, his wife and her lover* (*O cozinheiro, o ladrão, sua mulher e o amante* –1989). O tema principal desse filme é a vingança. A mulher de um grosseiro dono de restaurante (o ladrão), insatisfeita com o casamento, procura realizar suas fantasias sexuais com um assíduo cliente do restaurante: um sofisticado livreiro. Ao descobrir que está sendo traído, o marido mata o amante com requintes de crueldade, afogando-o com as páginas dos livros que tanto cultiva. Com a morte do amante, a mulher fica transtornada e planeja uma vingança igualmente macabra: pede para que o cozinheiro do restaurante asse o corpo do amante para que o marido possa degustar as partes que passaram por sua intimidade. Nesse filme, sexo, comida e morbidez dão o tom da narrativa. A primeira referência à sexualidade é apresentada no prólogo, pelo de corpo de um homem nu, simbolicamente castrado pela sua impotência diante do ladrão. Nesse filme é particularmente digno de nota o modo como Greenaway conduz a narrativa. As cenas das relações sexuais dos amantes são intercaladas com imagens de legumes e verduras que são preparadas para os pratos – são imagens fálicas, nas quais são utilizados objetos de cozinha, como facas e pepinos, bem como formas arredondadas de seios e bundas, utilizando repolhos, tomates e laranjas. Como resultado da orgia gastronômica, o filme mostra uma escatologia em que sexo e comida estão ligados às pulsões de prazer e morte. Ou seja, Greenaway estabelece uma cumplicidade entre o ato de ver fazer comida e o de ver fazer sexo.

Fantasias sexuais e danação do corpo aparecem, ainda, combinadas à sofisticação visual e ao *nonsense* em *The pillow book* (*O livro de cabeceira* –1996). A sofisticação visual fica por conta dos recursos tecnológicos que Greenaway lança mão. Como havia feito antes em *Prospero's books* (*A última tempestade* – 1991), Greenaway utiliza a tecnologia Paintbox. Os treze livros que Nagiko envia ao editor (pintados nos corpos de amantes) são animados com a sofisticada tecnologia que permite um ótimo grau de resolução no formato 16/9, ou seja, em uma unidade mínima de informação visiva. As imagens são obtidas pela utilização dos efeitos gráficos e cromáticos do Paintbox, que permite, como uma palheta eletrônica, sobrepor, misturar e decompor uma quantidade incalculável de matizes de uma figura. Já o *nonsense* fica por conta dos episódios que compõem a narrativa. Nagiko é uma mulher apaixonada pela caligrafia ideográfica que busca por amantes que, ao mesmo tempo, lhe propiciem prazer sexual e se disponham a lhe dar prazer escrevendo sobre seu corpo. Suas buscas frustradas por um amante calígrafo terminam quando ela conhece um tradutor por quem se apaixona e que desafia a inverter os papéis. Mas a troca de papéis não ocorre só nos prazeres propiciado pela arte da escrita. Aquele para quem se escreve ou – conforme a metáfora visual de troca de significados – aquele em que se escreve, é o que está sendo possuído na relação: o pincel é um símbolo fálico. Em *O cozinheiro, o ladrão, sua mulher e o amante*, Greenaway estabelece uma cumplicidade entre o ato de ver fazer comida e o de ver fazer sexo; pode-se observa uma cumplicidade similar em *O livro de cabeceira*: a escrita no corpo do amante se relaciona ao ato de fazer sexo. O pincel é, para *O livro de cabeceira*, o que os pepinos são para *O cozinheiro, o ladrão, sua mulher e o amante*.

Jogos ficcionais, acaso, numerologia e taxologia

Da mesma forma que dá um tratamento pouco convencional às questões sexuais, Greenaway – com sua mania classificatória – explora, também de maneira pouco convencional e obsessiva, as diversas possibilidades de estabelecer jogos ficcionais e relações numéricas. Desde seu primeiro longa, *The falls*, os números têm significados que não se esgotam no próprio filme. Nesse longa, Greenaway documenta as biografias de noventa e duas vítimas de um evento violento, e não explicado, que ocorrerá num futuro indeterminado e que modificará totalmente a vida como a conhecemos. Alguns dos elementos desse filme serão retomados em *Zôo*: Greenaway utiliza 92 fontes diversas de luz, o que remete ao número de biografias de *The falls*. Na biografia 17 de *The falls*, é mencionado o nome do responsável pelo departamento de ornitologia do zoológico de Amsterdam: van Hoyten. E esse é o nome do diretor do zoológico em *Zôo*, um personagem sinistro que cultiva a obsessão secreta de eliminar do zoológico todos os animais de pelo preto e/ou branco.

E, de fato, a mania classificatória e os jogos de perversões ganham ares incomuns de sarcasmo em *Zôo* e em *Drowning by Numbers* (Afogando em Números - 1988). Em ambos, com um humor bizarro repleto de lições arcanas, referências apócrifas e alusões absolutamente casuais, a atenção do espectador é despertada para um jogo no qual, em nenhum momento, há qualquer explicitação das regras que os governam. Tudo funciona, ao mesmo tempo, como paródia, paráfrase e farsa. Nesses dois filmes Greeneway se apraz em ludibriar. *Zôo* é cercado pela tentativa de reprodução da luz dos quadros de Vermeer. Isso num cenário que tem como personagem um cirurgião que é um suposto primo de van Meegeren, célebre falsificador que, na Segunda Guerra Mundial, ousou enganar os críticos de toda a Europa com os seus falsos Vermeer. Para intensificar o clima de farsa, na cena que reproduz o quadro *A arte da pintura* sob um muro está a assinatura de Sacha Vierny (diretor de fotografia), da mesma maneira com a qual Vermeer assinava seus quadros. E, para acentuar as alusões fortuitas a Vermeer, há ainda dois elementos de destaque em *Zôo*: no escritório de van Meegeren estão pendurados os quadros *O geógrafo* e *O astrônomo*, supostamente de autoria de Vermeer; a placa do carro no acidente do início de filme tem o número 26, o que remete ao número de quadros oficialmente reconhecidos de Vermeer.

Brincadeiras com números, alusões, acaso e taxologias parecem não ter fim em *Zôo*. No início do filme, em um jornal que estampa a notícia do acidente, há uma outra matéria com o título *Architect dies*, o que se refere a um evento do filme seguinte de Greenaway: *The belly of an architect* (*O sonho do arquiteto* – 1987). Levando em conta as brincadeiras de Greenaway, aliás, o título com o qual o filme ficou conhecido no Brasil é simplesmente incabível). Brincadeiras com números, alusões apócrifas, acaso e listas classificatórias são, igualmente, temas dominantes em *Afogando em números*. Uma garota contando estrelas numa noite de céu límpido acentua o ar de zombaria com que Greenaway trata qualquer classificação: as estrelas nomeadas pela garota, como os animais do bestiário chinês descrito por Borges, escapam a qualquer catálogo. Feita a contagem de cem estrelas, a garota é alertada de que há muito mais que cem estrelas no céu, mas ela responde que só precisamos contar até cem, porque todas as outras centenas são iguais à primeira. Para contar uma história (ou a vida) não é necessário começar tudo de novo. A circularidade orienta a estrutura do filme, que é construído em cima de três narrativas sobrepostas. Cada uma contém um assassinato (uma mulher, insatisfeita, mata o marido); cada assassinato é cometido na água (na banheira, no mar e na piscina, nessa ordem); há três funerais; em cada volta Madgett, o legista que é cúmplice dos três assassinatos, vê-se recusado de suas recompensas sexuais; as três viúvas, de gerações diferentes, têm o mesmo nome: Cissie Colpitts. Em todo o filme há referências constantes aos mais diversos tipos de jogos e, de certo modo, o próprio filme se apresenta como um jogo cujas regras são caprichosamente escondidas dos espectadores.

Como em todos os seus filmes, Greenaway se utliliza fartamente de alusões pictóricas em *Afogando em números*. No quarto de Madgett vê-se o quadro *Jogos de crianças*, de Bruegel; a cena em que Cissie 2 chora a morte do marido é uma citação ao *Cristo morto*, de Mantegna; as roupas da garota que pula corda são inspiradas em *As meninas*, de Velásquez; quando essa mesma garota pula corda diante de uma casa, a composição geométrica da cena reflete um quadro de Dalí. De qualquer forma, em nenhum outro filme de Greenaway as referências à pintura são utilizadas de forma tão intensa quanto em *A última tempestade*.

A figura de Próspero é inspirada no *Retrato do Doge Leonardo Loredau*, de Bellini; já seu estúdio é uma reprodução do quadro *São Jerônimo no estúdio*, de Antonello Messina; o jovem Ferdinand e os membros da corte napolitana, por sua vez, remetem ao *Retrato de Marten Soomans*, de Rembrandt; os indígenas foram compostos a partir dos desenhos de John White, aventureiro e pintor contemporâneo de Shakespeare. Os jogos alusivos continuam com a estrutura arquitetônica da gruta de Próspero, que é inspirada nos desenhos de Piranesi, o qual, por sua vez, é citado num filme anterior de Greenaway: *O sonho do arquiteto*. Estruturado em torno dos 24 livros que Próspero levou para o exílio, *A última tempestade* evidencia como os recursos do Paintbox expandem o potencial do filme pela suposição de imagens, o que oferece uma complexidade alusiva quase ilimitada. Até certo ponto, a proliferação de imagens destrói os efeitos dramáticos do filme. Mas exigir que um filme de Greenaway seja pautado por efeitos dramáticos é apenas revelar incompreensão de sua gramática fílmica.

O ventre, a vida e a morte

Ainda que elementos como fantasias sexuais, danação do corpo e alusões à pintura estejam presentes em *O sonho do arquiteto* e *The baby of Mâcon* (*O bebê santo de Mâcon* – 1993). Em *O sonho do arquiteto* é citado um quadro de Bronzino, *O retrato de Andréa Doria*, que inspira a figura de Kracklite, o arquiteto do título. Já em *O bebê santo de Mâcon*, a figura da criança nos braços da irmã é provavelmente inspirada no quadro *Madonna com a criança*, de Bellini. O que se pode observar com mais acuidade, no entanto, é que esses dois filmes, de certa forma, escapam ao catálogo greenawayano. Isso porque, embora Greenaway não seja exatamente um cineasta que busque referências autobiográficas para seus filmes, pode-se dizer que *O sonho do arquiteto* é que mais se aproxima de referências autobiográficas. A tentativa de Kracklite de realizar uma mostra sobre um obscuro (inexistente?) arquiteto do século XVIII (Etienne-Louis Bouillée) acaba por se assemelhar à de um realizador de um filme. Kracklite está circundado por pessoas que querem seu bem, mas que acabam por arruinar o projeto de sua vida. No final, o artista perde de vista o sentido das coisas e, por ironia, cada tentativa de se imortalizar pela arte resulta em frustração. O grito do garoto no final do filme sugere que o homem não pode alcançar a imortalidade pelas arte, mas somente atravessar os caminhos normais da criação.

O bebê santo de Mâcon, por sua vez, – embebecido pela luz escura de Rubens – é seu filme mais lúgubre e menos marcado pelo humor negro e pelas brincadeiras taxológicas. Trata-se de um réquiem visivo pleno de sombras. Os movimentos de câmera são lentos e amplos. O primeiro plano é menos utilizado que em todos os seus filmes, e o plano geral é explorado em abundância. Sobre *O bebê santo de Mâcon* Greenaway tem feito notar que se trata de uma reflexão irônica sobre o mecanismo da suspensão de descrença (aquele estado no qual o espectador do filme, durante sua projeção, não crê que o que está assistindo seja verdadeiro). A ironia está no fato de que os eventos que envolvem o bebê são, na verdade, encenações, pois se trata de uma peça teatral exibida para uma platéia. Ao mostrar, simultaneamente, a peça encenada e a platéia, Greenaway quebra a incredulidade dos acontecimentos. Ocorre que os eventos vistos pelos espectadores da peça (estupro e morte) estão ocorrendo de fato. Porque os acontecimentos da peça são verdadeiros para o público que os vê e, mesmo assim, esse público não se horroriza com o que se passa (eis a ironia da suspensão da descrença), fica aberta, para o espectador do filme, a possibilidade de olhar para um estranho jogo entre farsa e verdade: não há suspensão da descrença e, para Greenaway, talvez a própria vida não passe de uma grande farsa.

* * *

Como resultado de sua intensa atividade, Greenaway tem recebido prêmios importantes e seus filmes rodam pelos mais importantes festivais do mundo. Seu trabalho mais recente é *Death of a composer* (ainda inédito no Brasil). Atualmente, Greenaway está envolvido num ambicioso projeto: *The Tulse Luper Suitcases*, personagem que surgiu no documentário *A walk through H. The Tulse Luper Suitcases* é uma trilogia de longas de 120 minutos que vai abranger cinco diferentes mídias: cinema, TV, DVD, internet e impressos. Com esse projeto Greenaway reconstrói a vida de Tulse Luper, um prisioneiro profissional, a partir de 92 malas encontradas no mundo todo entre 1928 e 1989. Preso por tantas razões quantas possam existir, incluindo crimes

Ir ao cinema, um olhar sobre filmes 149

reais e imaginários, Tulse Luper transforma o cativeiro em arte. O tamanho enciclopédico, a abrangência e duração do projeto (deve ocupar os próximos quatro anos) pretendem ser uma resposta de Greenaway às novas linguagens visuais. E, com isso, evidenciar que sua obra fílmica forma uma rede em que cada elemento, por mais banal que possa parecer, tem uma função bastante expressiva, quando se considera o jogo no qual está inserido.

BREVES ENSAIOS temas de cinema

PERSONAGENS SOLITÁRIOS QUE TRAFEGAM EM *AMORES BRUTOS* E *BROTHER*

Amores brutos e *Brother*, do mexicano Alejandro Gonzáles Iñarritu e do japonês Takeshi Kitano, respectivamente, foram concebidos no mesmo ano (2000), tiveram trajetórias pelos grandes festivais (Sundance, Veneza, Cannes), abordam a crueza da violência e da solidão e têm uma grande metrópole como pano de fundo. Num primeiro momento, trata-se de filmes bastante distintos. *Amores brutos* possui uma narrativa tensa, vibrante, seus personagens são acometidos de freqüentes explosões de violência e as cenas de violência são angustiantes (nas seqüências de ação, a câmara, quase documental, se movimenta de modo frenético), os adornos que compõem os diversos cenários não deixam dúvida quanto ao perfil social de cada personagem, visto que são apresentados em campos sociais opostos. *Brother*, em contrapartida, possui uma narrativa quase completamente destituída de elementos de tensão e repleta de hiatos (o que dá à trama e à composição dos personagens uma complexidade incômoda para um filme pautado pelo confronto de gangues). A silhueta dos personagens é pouco reconhecível (em muitos enquadramentos, rostos são exibidos de modo totalmente oblíquos), as ações são lentas, quase estáticas; nas cenas de violência – muitas despontam de modo abrupto e praticamente sem relação com a seqüência anterior –, o enquadramento é praticamente fixo. Contudo, guardadas as diferenças, ao abordar questões como a violência e a solidão em grandes conglomerados urbanos, esses dois filmes despertam a atenção, uma vez que – da enxurrada de filmes sobre violência desde *Pulp fiction* – parecem exigir do espectador um olhar mais aguçado para alguns matizes da violência nas metrópoles globalizadas. Mais especificamente: para o modo como a violência é retratada na Cidade do México e em Los Angeles. Um ponto que merece destaque, com isso, é que tanto em *Amores brutos* quanto em *Brother* são exibidos personagens solitários que trafegam violentamente pelas ruas dessas cidades.

Amores brutos é narrado a partir de um acidente que vai alterar a vida de três pessoas. Nas agitadas ruas da Cidade do México, uma bela modelo e dois jovens de periferia têm um encontro fatal, encontro esse presenciado por El Chivo. A modelo estava feliz, pois, momentos antes, saíra de uma entrevista televisiva e tivera a notícia de que seu amante comprara e decorara um apartamento para ela (com a janela da sala diante de um *outdoor* que cobre a parede de um prédio e exibe suas belas pernas).

Depois do acidente, ela cai em desgraça. Já os dois jovens de periferia, responsáveis pelo acidente, estão numa desabalada fuga. Um deles (Otávio) perde todo o dinheiro que ganhou em rinhas de cães quando Coef (um rottweiler que é uma máquina de matar cachorros), origem da grana, é alvejado pelo dono do cachorro com o qual está brigando. No desespero, Otávio perfura o algoz de Coef com uma faca e foge. Ainda que nesses personagens se revelem facetas interessantes para que se possa, por exemplo, tratar de diversos conflitos sociais e sentimentais do México moderno, por conta do que se propõe aqui, é El Chivo que chama a atenção. Ex-guerrilheiro, El Chivo abre mão da família e ingressa na luta armada. É preso e vê seus ideais de mudança social ruírem. Depois de algum tempo na prisão, entra em liberdade, mas perde o sentido da vida e passa a perambular com uma matilha pelos becos da cidade. Entrega-se, então, ao seu algoz e, sem muitas justificativas, passa a viver como assassino profissional de empresários.

Enquanto a crueza da violência em *Amores brutos* está presente principalmente nas rinhas de cães, em *Brother* ela ganha intensidade com a limpeza da honra pelo haraquiri (interessante, a esse respeito, ver que o código de honra Yakuza – a máfia japonesa – ao contrário dos ocidentais do *ancien régime*, consiste na danação do próprio corpo, tanto quando alguém comete uma falta como quando sobre alguém paire qualquer suspeita sobre sua conduta). Kitano segue a idéia de código de honra para contar a história de Aniki Yamamoto, um gangster da Yakuza que percebe o perigo que ronda seu chefe, mas não consegue evitar que uma conspiração resulte em sua morte. Como se recusa a aceitar um pacto com a "família" inimiga, vê-se obrigado a escolher entre a morte de acordo com os códigos de conduta da máfia (seu "Irmão" é indicado para executá-lo) e o exílio. Escolhe a segunda alternativa. Então ele vai para Los Angeles, ao encontro de um meio-irmão que, à primeira vista, foi educado nos Estados Unidos justamente para ficar distante da violência que cerca o mundo da máfia. Ocorre que seu meio-irmão é um pequeno traficante – junto com alguns negros e chicanos – que é explorado por uma pequena gangue da área. Numa seqüência de acontecimentos aparentemente casuais, Yamamoto vê-se obrigado a dizimar a gangue que ameaça seu meio-irmão (mesmo nos Estados Unidos ele não escapa ao destino que lhe cabe) e, com isso, tem de prestar contas à gangue que está numa hierarquia superior e que, efetivamente, detém o poder na região. É quando, com a ajuda de um "Irmão" Yakuza que abandonou o Japão para juntar-se a ele em Los Angeles, usa de sua astúcia para controlar o poder e estabelecer o controle total da região, não sem antes selar acordo com uma possível rival: a *Little Tokio* de Los Angeles.

Personagens solitários e a cidade ao fundo

Tanto *Amores brutos* quanto *Brother* têm como pano de fundo uma metrópole. Cidade do México, Los Angeles e, em alguns momentos de *Brother*, Tóquio. Mas é preciso guardar as diferenças entre os modos como Iñarritu e Kitano apontam a câmara para a cidade. Na Cidade do México a sujeira, a poluição e a miséria convivem lado a lado com a elegância e o requinte. Iñarritu capta tudo isso com ritmo intenso e crueza exemplar, ao lançar luz sobre uma metrópole que, ao mesmo tempo, é requintada e terra de ninguém. Por isso, é nessa metrópole agitada e confusa que se pode notar um terrível contra-senso da modernidade: o trânsito é caótico, há uma espécie de convivência forçada entre as pessoas, uma cumplicidade inevitável. Dessa cumplicidade pode-se buscar elementos para explicar como El Chivo assassina um executivo à luz do dia num restaurante sofisticado e, mesmo assim, continua a transitar calmamente pelas vielas da cidade e a traçar planos para emboscar sua vítima futura. Entre um caso e outro, os acontecimentos se dão como se nada tivesse ocorrido. É que na metrópole focalizada por Iñarritu a violência não escapa à luz do dia. Tudo é visível (jogos ilegais, agiotagem, assassinatos, desmanche de carros e assim por diante), mas como numa espécie de pacto surreal, isso pouco importa. A ruptura com as regras de conduta parece se inscrever naturalmente na ordem das coisas. Assim, quando há o disparo providencialmente acidental de uma arma numa rinha de cães (aliás, fato esse freqüente nas mais diversas esquinas), ou quando um executivo contrata um assassino pouco convencional para matar um sócio inoportuno (El Chivo, o contratado, seria apenas um instrumento; contudo, para espanto do espectador, ele rompe de forma inaudita o pacto estabelecido), o que se observa é que essas sucessões de acasos afetam apenas quem está diretamente envolvido nos acontecimentos, pois neles não há qualquer controle dos ímpetos e um sentimento mais forte, por assim dizer, de suas conseqüências. É cada um por si. O organizador das rinhas de cães, depois que Coef é alvejado, simplesmente lava as mãos e sai de cena; o policial corrupto que faz a intermediação nos assassinatos de El Chivo não está presente no momento em que ele rompe um trato. Ou seja, na urbe de Iñarritu, cada qual, jogado à própria sorte, convive de modo resignado com a violência e a quebra das regras de conduta: não há voz de comando. Se cada um sabe dos perigos que rondam cada esquina, se cada um sabe quem são os suspeitos de sempre, todos sabem, igualmente, que os efeitos esperados da violência são como os de uma roleta russa. A conclusão a que se chega é que na Cidade do México, por conta da diluição das expectativas de conduta, ricos e pobres estão inevitavelmente expostos à insegurança. Cruzar uma esquina não deixa de ser uma aventura errante.

Em oposição à Cidade do México, Tóquio e Los Angeles são cidades metálicas. A arquitetura imponente sempre ao fundo exibe-se como monumento à funcionalidade. As ruas dessas cidades são amplas e quase vazias. Há uma espécie de assepsia geral. O que mais chama a atenção em *Brother*, no entanto, é que em apenas três seqüências – quando Yamamoto está no hotel em que se hospeda logo que chega a Los Angeles, quando procura seu meio-irmão numa pastelaria e no momento da festa de aniversário da mãe de Denny, um negro estiloso que se afeiçoa a Yamamoto –, em um ou outro tique de Denny e num insólito jogo de basquete (trata-se de num jogo entre negros e japoneses em que há um monólogo desconexo do "Irmão" Yakuza de Yamamoto e no qual é feito um enquadramento em que não é possível destacar a cesta com nitidez), não há cenas que se liguem à violência das gangues. Ou seja, ao contrário de qualquer outro filme de gangster (e em forte contraste com *Amores brutos*), em *Brother* praticamente não há cotidiano com pessoas trafegando pelas ruas, nem convivência social ou cultural na multicultural Los Angeles. Se a Cidade do México de Iñarritu é convulsionada por encontros e desencontros amorosos e afetivos (todos têm mãe, família e congêneres), na Los Angeles de Kitano há apenas a família de Denny e a intromissão pouco definida de uma prostituta que se torna amante de Yamamoto. É que, na metrópole focalizada por Kitano, não há agito, não há transe, não há fumaça (quando o líder da *Little Tokio* recebe uma reprimenda de Yamamoto porque está fumando um portentoso charuto, parece que Yamamoto está querendo dizer que o ambiente em que estão não deve ser poluído). Destaca-se ainda que, enquanto os pequenos traficantes de Los Angeles são limpos (nada dos rostos engordurados dos personagens de Iñarritu) e vestem-se como skatistas ou descomprometidos jogadores de basquete, os grandes traficantes vestem-se em ternos alinhados e exibem cabelos bem cortados. Sem que a harmonia arquitetônica da cidade seja ferida, é assim que, nas ações violentas em que são protagonistas, não é possível pensar em uma área que não esteja sob um comando.

Embora apresentem visões distintas da violência nas grandes cidades, Iñarritu e Kitano trabalham com um tema caro à modernidade: a solidão na multidão. El Chivo e Yamamoto trafegam pelas cidades do México e de Los Angeles acompanhados de muitas pessoas, com as quais estabelecem laços afetivos. É inegável, pois, que o misantropo El Chivo se compadece com o empresário desgraçado que está em sua alça de mira; é inegável igualmente que o melancólico Yamamoto mantém uma relação paternal com

Denny; mas é igualmente inegável que ambos estão sozinhos. Fracassaram e, com o fracasso, optaram pela reclusão. Para El Chivo a exclusão se explicita na danação física e na convivência com cachorros. O corpo sofre as conseqüências de ter optado pela mendicância. Porque continua vivo, recolhe-se a mais abjeta condição de vida e torna-se um matador profissional. Nesse sentido, um ponto efetivamente fraco no filme de Iñarritu é a reconciliação final de El Chivo. Na medida em que ocorre a reconciliação, não há como negar que ele acaba por assumir a derrota de seus ideais e adota o modo de vida burguês. O problema não está no modo de vida burguês propriamente e sim que a narrativa deixa a sensação de que visa à contestação das instituições da ordem burguesa. Com isso, o início do filme assume algo como uma falsa premissa e, pelas declarações de Iñarritu, fica claro que ele não queria, justamente, usar o cinema para consumo burguês.

Não é essa a saída do personagem de Kitano. O que se pode notar em *Brother* é que para Yamamoto a exclusão se explicita no modo repleto de alheamento e sarcasmo com que encara a vitória ou a derrota de seu empreendimento, após sua saída do Japão. Yamamoto não tem o menor interesse em montar um grande império do tráfico. Desde o momento em que chega aos Estados Unidos, ele sabe que está fora do jogo; sabe que perdeu, que não há qualquer acerto de contas (ele não volta para o Japão para punir os que eliminaram seu chefe, algo que, às avessas, El Chivo faz com os executivos). Yamamoto é um estranho nos Estados Unidos, um expatriado que apenas espera o seu fim. Se entre El Chivo e Yamamoto há algo em comum, é que ambos são renegados e, ainda, que se possa pensar que, da mesma forma que não faz sentido para El Chivo ter se tornado matador profissional, também não faz sentido para Yamamoto ter escolhido morrer no Estados Unidos, e não no Japão. De qualquer forma, com ambos é possível pensar – a partir do cinema – em alguns contrastes da cidade moderna; é possível pensar que o invisível não esconde muita coisa (no desenlace de *Brother*, não é o acaso que avisa a máfia italiana que Yamamoto está à espera dela, pacientemente, num boteco na beira da estrada), ou que o visível esconde muita coisa (quando El Chivo, ao mesmo tempo que quebra o pacto e não assassina o executivo, confronta-o com o mandante do crime, ele não deixa, no entanto, nenhum indício que revele o absurdo da situação), que a identificação funciona como um jogo de cartas que, dependendo do contexto, pouco importa que estejam marcadas. El Chivo se identifica apenas pela fotografia. Em cada foto está a sua condição social e, por que não, seu caráter. Já Yamamoto não tem como entrar nos Estados Unidos senão com um número que permita a sua identificação. El Chivo é e sempre será um pária; Yamamoto é e sempre será um samurai.

Enfim, à metrópole convulsionada de Iñarritu, se opõe à metrópole *cool* de Kitano. Essa forma de retratar a cidade pode ser um modo interessante para pensar na oposição entre a urbe rica e a pobre na sociedade global. Não se trata de pensar que Kitano ilumina um mundo menos real que Iñarritu (está claro que alguém pode dizer que no submundo do crime não há muita diferença entre um traficante paulista, um mexicano e um californiano), mas que ao flagrarem a cidade, flagram, na mesma proporção, uma violência cruel e com implicações diferentes. A violência de Los Angeles está separada do dia-a-dia das pessoas (ainda que seja uma fábula, é importante considerar se, nesse submundo do crime, balas se perdem com facilidade e agiotas lavam as mãos impunemente). É como se houvesse uma mensagem nas entrelinhas: na multicultural cidade americana (captada por um japonês, bem entendido), todos os cães conhecem perfeitamente seus lugares, inclusive os que integram as gangues. Como na Cidade do México, tudo é visível, mas nada de acidente inoportuno no meio do caminho, nada de ruptura desmedida das regras. Os acidentes – e, portanto, um outro tipo de violência – ocorrem em cidades como a do México, a de São Paulo, onde os cães se confundem e não há qualquer voz para estabelecer um comando.

REVISTA SINOPSE, ANO IV, N° 9, NOVEMBRO DE 2002.

GODARD E A CRUZADA VANGUARDISTA

Em 1960, no Festival de Cannes, dois meses após a estréia de *Acossado*, Jean-Luc Godard, até então crítico dos já célebres *Cahiers du Cinema* deu uma entrevista na qual manifesta que, após seu primeiro filme, ficou com a impressão de amar menos o cinema, pois, ao fazer um filme, notou que esse fora bem recebido. Sua esperança era a de que seu filme seguinte não tivesse a mesma acolhida que a de *Acossado*. Trinta e nove anos depois, em entrevista à *The New Yorker*, Godard dirá que prefere trabalhar quando há pessoas contra, assim, ele se sente mais motivado. Ora, é interessante observar como nesses quarenta e três anos que nos separam de *Acossado* os filmes de Godard têm sido recebidos.

No ano passado, não sem antes uma recepção calorosa em Cannes 2001 (no dia da exibição para a imprensa, 600 jornalistas ficaram represados na porta da minúscula sala André Bazin, que comporta no máximo 200 pessoas: profissionais de diversos cantos do mundo gritavam revoltados com a escolha de tão pequena sala para um filme tão esperado), esteve em cartaz *O elogio do amor*, seu trabalho mais recente. Neste ano, o Grupo Estação trouxe *O desprezo*, um Godard de 64, que tem como destaques Brigitte Bardot, Michel Piccoli, Jack Palance e Fritz Lang, intérprete de si próprio. Num caso e no outro – um novo Godard ou um Godard anos 60 – críticos destacados dos órgãos de imprensa ocuparam espaço para comentar um Godard. Destaco aqui os comentários de Michael Laub e Hugo Estenssoro sobre *O elogio do amor*, na edição de fevereiro de 2002 da *Bravo!*, e o de Daniel Piza na coluna Sinopse, do jornal *O Estado de S. Paulo*, na edição de 27 de abril deste ano. Tanto no que se escreveu sobre *O elogio do amor* quanto sobre *O desprezo*, a mesma posição básica: Godard não tem mais o que nos dizer: de maneira geral, seus filmes estão datados.

Acho interessante tratar desse posicionamento dos críticos da *Bravo!* e do *Estadão* à luz das próprias entrevistas de Godard em Cannes no início dos 60, e à *New Yorker*, no final do século passado.Tanto o posicionamento dos críticos quanto o do próprio Godard são tão mais interessantes quanto mais se leva em conta o calor provocado pelas observações de Daniel Piza (um novo Godard talvez não tenha o que dizer, mas um Godard dos 60, se teve, não mais o tem?). Nos termos do crítico do *Estadão*, "*O desprezo*, de Godard, datou. Há achados verbais e visuais, mas algumas seqüências são chatas, como o diálogo repetitivo do casal em casa, e outras mal filmadas..." Ora, se considerarmos as próprias entrevistas de Godard, o que se põe é: Godard está novamente sob os holofotes: passado o tempo, mesmo um Godard de 64 ainda gera estranhamento. E isso por quê?

Vou aproveitar essa indagação para defender que críticos como Daniel Piza (me ocupei dos comentários de Laub e Estensoro em carta à *Bravo!*, na edição de maio de 2002), com suas ponderações ácidas, acabam reforçando, e muito, o mito Godard. E defender também que Godard pode ser estranho aos olhos do presente porque ele não está no passado e sim nos acossando, com suas inquietações e interrogações extemporâneas. Fechar os olhos para Godard é ter uma compreensão deformada do próprio projeto de cinema dos 60 e cair em clichês aconchegantes que resultam de uma certa miopia no jornalismo cultural (miopia, aliás, denunciada pelo próprio Daniel Piza). Se as questões de fundo presentes em um Godard não mais se colocam, isso se deve a uma inépcia do autor ou à pouca porosidade do tempo para tais questões?

Entendo que pensar num Godard datado, num Godard essencialmente histórico é, para além de confusões sobre inabilidades narrativas, pensar sobre a permanência de questões suscitadas por sua obra (caso tenha suscitado, claro). Por que Godard – seus filmes – permanece até o momento (é difícil imaginar que houve *blague* entre os jornalistas em Cannes 2001)? Se não, pelo menos, por que um Godard de 64 ocupa espaço físico numa sala de projeção e na mídia? Por que um artista cujo projeto malogrou ainda chama a atenção de jovens críticos? Dizer que Godard não tem mais o que dizer, que seus filmes estão datados, coloca o crítico na seguinte posição: ele disse alguma coisa antes? E, se disse, qual o valor do que disse? Isso porque, se houve valor num Godard, o que fez com que tal valor esteja coberto pela poeira do tempo?

Ora, quem sustentar que Godard com seus filmes não disse nada de importante (e esse não parece ser o caso de Daniel Piza), terá pelo menos de responder à inquietante interrogação: será que, nas portas do século XXI, é intelectualmente chique falar sobre Godard? Se Godard foi um embuste, por que sobrevivem "papos" sobre Godard ainda hoje? Não é outro o modo de encarar a situação: Godard permanece porque é um ícone e sua imagem se presta, na mesma proporção, para deleite de iconoclastas e adoradores. Pois, de outro modo, quem sustentar que Godard está datado ou que seus filmes não têm mais o que dizer está admitindo que as inquietações que se apresentam em seus filmes não fazem mais sentido: são extemporâneas.

Minha suspeita é a de que há um engano em se pensar dessa maneira. E esse engano decorre da incompreensão do projeto de cinema dos 60 e do pé em que se encontra qualquer comentário ácido sobre Godard e o chamado "cinema de autor". Godard é um artista que se alimenta da polêmica e da controvérsia. A arte deve estar na contracorrente, eis uma máxima godardiana. Quando Daniel Piza e outros colocam holofotes sobre Godard, ainda que invoquem outras intenções, não fazem outra coisa senão jogar um jogo de acordo com regras estabelecidas pelo próprio Godard. Esse é o projeto Godard, como ele próprio chamou a atenção no início dos 60. Um valor que se pode destacar em seus filmes é o de instigar uma discussão sobre os limites do cinema e da arte em geral numa sociedade de consumo (para além dos livros, o cinema, uma possível forma de arte que funciona por atacado, deve ser um bom guia). Parece que ele deixou, ou tem deixado, um recado que, não obstante, tem sido esquecido pelos iconoclastas: um filme, numa sociedade de consumo, se constitui ou não como obra de arte – qual o sentido em se tomar Homero ou Hölderlin como se fosse uma Coca-Cola? Se essa questão ainda gera discussão, então seus filmes não estão datados.

É fácil ver então que, três décadas depois, *O desprezo* ainda nos coloca a seguinte indagação: O que significa fazer um filme (Homero e Hölderlin, que são citados nesse filme, não são recheios de pseudoerudição, como alguém mais desavisado pode suspeitar)? Que interesses estão envolvidos na elaboração de um filme? Estas são questões de fundo que os personagens em *O desprezo* estão expressando: o estatuto da cultura e o lugar do cinema no que Jean Baudrillard chama pelo nome de sociedade de consumo. Entendo que quando Daniel Piza afirma que *O desprezo* datou, ele não está se referindo à mobília do apartamento do casal principal, nem ao corte de cabelo de Brigitte Bardot, tampouco ao conversível dirigido por Jack Palance. Entendo, sim, que ele está se referindo a questões de fundo aludidas pelos personagens.

Bem, sendo assim, Daniel Piza está admitindo que essas questões não mais se colocam: elas dataram. Mas, se é assim, qual o estatuto do cinema e da arte em geral numa sociedade de consumo? Creio que não há resposta para essa questão no momento. As inquietações aludidas pelos personagens dos mais diversos filmes de Godard continuam atuais. Prova mais recente disso é a exibição de *Arca russa*, de Aleksandr Sukúrov. Por que fazer um filme de 93 minutos num único plano-sequência e, ainda, inquietar críticos dos quatro contos do mundo? Se o Godard de *O desprezo* fosse datado, *Arca russa* seria uma mera curiosidade – um bom guia para turistas, quando de uma passagem por São Petersburgo, pelo Palácio do Hermitage... E, de antemão, diríamos, sem risco, que está datado. Mas não creio que seja esse o caso. Nos anos vindouros, ainda vamos ver um

Godard ou um Sokúrov, vamos nos inquietar e sorver, nas palavras de Jorge Coli à *Bravo!*, a nostalgia de uma civilização perdida no tempo. E, ainda, provavelmente vamos ler de algum jovem crítico que *O desprezo* ou a *Arca russa* estão datados.

Um Godard, um Peter Greenaway, um Matthey Barney, um Andy Wahrol, um Edward Hopper não são datados justamente porque inquietam, geram polêmicas e controvérsias acerca dos limites da arte numa sociedade de consumo e incompreensão de críticos afeitos aos clichês do momento. Desde as vanguardas do início do século passado, o valor de uma obra de arte está também naquilo que Celso Favaretto chama de "acontecimento". E essa lição não devia passar despercebida pelos críticos atuais do autor de *Acossado*.

LENI RIEFENSTAHL E ELIA KAZAN

Nas fronteiras entre estética e comprometimento

As relações entre estética e comprometimento do artista são suspeitas. Eis um bom tema para uma tese acadêmica (há vasto material a respeito, deixado por Baumgarten, Hegel, Goethe e que serve de diversão para os *scholars* dos mais diversos paladares). Aqui o que se propõe, no entanto, é algo modesto: seguir de modo singelo algumas indicações que o bondoso Montaigne nos ensinou nos seus *Éssais*, quatro centúrias atrás, e fazer um breve solilóquio em voz alta de como essas suspeitas relações se apresentam no cinema. De modo mais específico: pinçar alguns motes dessas relações na obra dos cineastas Leni Riefenstahl e Elia Kazan, mortos recentemente, e cujas obras revelam infindáveis inquirições sobre as relações entre estética e, por assim dizer, comprometimento do artista.

Inicio este solilóquio com uma apresentação sucinta desses dois personagens da cena cinematográfica do século passado. Começo por Leni Riefenstahl: uma atriz e bailarina de muito destaque na Alemanha no final dos anos 20, que começou a dirigir seus próprios filmes no começo da década de 30. Destaque dado a *Das Blaue Licht* (A montanha azul, 1931), um filme de alpinismo que encanta por sua plasticidade. Com o sucesso de *Das Blaue Licht*, Leni caiu nas graças de Hitler e foi convidada por ele para fazer um documentário sobre o Congresso de Nuremberg, em 1934. Perfeccionista, ela exigiu e teve à sua disposição todos os recursos técnicos possíveis para a execução do projeto. O resultado é o impressionante documentário *Triumph des willens* (Triunfo da vontade, 1935), com imagens de forte impacto visual de paradas gigantescas e discursos de Hitler. Entusiasmado com o documentário, Hitler confiou a Leni a filmagem da Olimpíada de Berlim, em 1936. E ela voltou a fazer um documentário tão impressionante quanto o primeiro e nos legou *Olympiad: Fest der Schonheit, Fest der Volker* (Olimpíadas, 1938). Iniciada a guerra, a carreira de Leni foi, óbvio, interrompida; finda a guerra, ela ficou presa entre 45 e 48. Depois de libertada, tentou retomar a carreira, mas jamais voltou a filmar e passou o resto da vida tentando justificar as razões de ter colaborado, através de seu "gênio", com a ascensão do nazismo.

O caso Elia Kazan, embora num primeiro momento não se possa ver muitas semelhanças, guarda pontos de contato com Leni Riefenstahl. Cineasta americano de origem turca, é um dos responsáveis pela criação do Actor's Studio, no final da década de 40, que teve como referência o método de Stanislavsky, um teórico de teatro russo que resumiu suas idéias de interpretação no chamado caráter realista. Filiado ao Partido Comunista e com inequívocas preocupações sociais, Kazan fez muito sucesso na Broadway encenando peças de dramaturgos importantes dos anos da Depressão, como Tennessee Williams e Arthur Miller. No final dos 40, Kazan foi para o cinema e levou aquele que é considerado o maior ator americano, Marlon Brando, com o qual filmou *Streetcar named desire* (*Uma rua chamada pecado*, 1951), baseado em peça de Tennessee Williams, com a qual já havia obtido enorme sucesso no teatro e que também tinha Brando como ator principal. Cineasta consagrado, Kazan se viu envolvido numa situação que marcou definitivamente tanto sua obra como sua vida: em 1952, chamado para depor no Congresso sobre atividades antiamericanas, delatou antigos colegas comunistas. Seus filmes seguintes, *Viva Zapata* (idem, 1953), *On the Waterfront* (*Sindicato de ladrões*, 1954) e *The visitors* (*Os visitantes*, 1972) – primeiro filme americano sobre a guerra do Vietnã – são marcados pela tentativa de justificação da delação.

Temos aqui então cinco filmes em que as fronteiras entre estética e comprometimento do artista merecem tratamento compassado: *Triunfo da vontade, Olimpíadas, Viva Zapata, Sindicato de ladrões e Os visitantes.* O porquê disso é o que passamos a tratar a seguir

* * *

Como foi ressaltado, a relação entre estética e comprometimento do artista é suspeita, vamos direto ao que importa. Uma obra de arte, para que tenha o estatuto de obra-prima, deve ser considerada naquilo que tem de interno, independentemente de qualquer condicionante externo? Quer dizer, para avaliar se uma obra é efetivamente uma obra de arte deve-se olhar para aquilo que a constitui internamente? Ou seja, uma obra de arte sobrevive em si mesma e está imune às intenções ou comprometimentos de seu criador (depende, pois, exclusivamente de sua linguagem, forma ou textura, conforme o meio ou o suporte)? Ou, de outro modo, uma obra de arte não pode ser separada de um comprometimento, do engajamento do artista, sem os quais, como conseqüência, não tem sentido fazer afirmações sobre seu valor. Ou seja, o valor de uma obra depende do modo como é sentida, e para isso a intenção do artista tem um peso inequivocamente relevante? A obra se constitui como obra de arte porque provoca certos efeitos no público em função da capacidade do artista de plasmar sentimentos recônditos do gênero humano (depende, pois, de sentimentos como piedade, dor, alegria, tristeza, ressentimento, conforme a disposição daquele para quem ela se apresenta)?

Os efeitos que uma obra provoca, e que permitem catalogá-la como obra de arte, estão exclusivamente na própria obra ou dependem de intenções explícitas ou implícitas? O ponto aqui é: O que nos leva a afirmar que um filme, efetivamente, possa ser concebido como uma obra de arte? E os filmes de Leni Riefenstahl e Elia Kazan, em função disso, provocam polêmicas e acalorados debates. Ora, mas por que isso se dá?

Em primeiro lugar, há de se destacar que uma obra de arte provoca um culto. Todos que afluem para os museus do mundo para verem um Picasso, um Renoir, um Dalí se postam de modo cultuado diante das obras. Todos que afluem para uma sala de concertos para ouvirem um Mozart, um Bach, um Mahler se postam da mesma maneira que diante de uma pintura. Igualmente, todos que afluem para um cinema para verem um Bergman, um Tarkovsky, um Greenaway não se postam de modo diferente daquele em que se postariam ao verem um quadro ou ouvirem uma cantata. A obra é o objeto a ser cultuado – do contrário, como pensar num objeto qualquer ser tomado como artístico? –, mas não se pode perder de vista que a obra revela o gênio do artista que a criou, sem o qual também não faz sentido pensar no culto. Esse ponto merece cuidado: O que significa cultuar um objeto que cultua o mal ou que faça apologia da delação? Quem assim o fizer, de alguma forma, estará se comprometendo com mensagens inequivocamente explicitadas em obras cujas intenções de seus criadores não estão desconectadas de certa visão de mundo, de homem, da realidade? No caso de Riefenstahl, o comprometimento com a ideologia nazista; no de Kazan, com a delação. Todo o enrosco está, bem entendido, no significado que se dê à palavra culto: como cultuar uma obra com a qual se discorda daquilo que ela sugere ou mesmo explicita? E, por conseguinte, se uma obra sugere ou explicita algo de que se discorde, que significado tem o culto? Que significado dar ao "gênio" que a criou?

Mas, recomenda a prudência (e levemos em conta essa virtude cardeal), pensemos de modo pausado: o que se pode alegar a favor de que o valor de uma obra não pode ser considerado sem que se levem em conta as intenções, o comprometimento do artista? E, do mesmo modo, o que se pode alegar a favor de que o valor de uma obra depende exclusivamente de si mesma?

Comecemos pelo comprometimento.Quem defender que o valor de uma obra de arte também depende daquilo que ela sugere, por conta das intenções implícitas ou explícitas de seu criador, tem em vista que esse valor não está desconectado dos efeitos que provoca. Ou seja, o culto ocorre porque há certos anseios, uma certa visão de mundo que são canalizados pela obra e que se revelam na experiência de se postar diante da obra; a obra de arte é concebida como tal porque dá sentido à vida e ao mundo, move as pessoas, em suma. Ouvir uma música, ver um quadro, ler um romance, assistir a um filme comporta condicionantes de uma experiência vital. A obra de arte é concebida como tal porque carrega elementos de uma experiência que nos leva a um significado mais profundo de nossa condição e de nossa ação no mundo. Sem o comprometimento do "gênio" criador, não faz sentido pensar no valor de uma obra de arte.

Essa é a posição do filósofo Jean-Paul Sartre, expressa tanto em romances como *A náusea* quanto em ensaios como *Que é literatura*. *Guernica*, lembra Sartre, seria apenas um belo quadro a ser exibido, ou evoca para cada qual que o olha para ver a genialidade dos sentimentos da guerra expressos por um artista? Sem os efeitos que provoca como dizer do valor da obra? Sartre, com isso, intenciona atacar posições como a de Julien Benda, para o qual o único comprometimento do artista é com a obra em si mesma. O artista é assim, na visão de Sartre, uma espécie de demiurgo pelo qual uma época – uma situação – tem sentido. Uma obra que provoca maus sentimentos, que instiga intrigas, que carrega em elementos desagregadores não tem o estatuto de obra de arte simplesmente porque seu culto não está desconectado do culto às intenções do artista. O elemento mais forte para a defesa dos efeitos que uma obra provoca é que, pela intenção do artista, expressa em seu comprometimento, a obra revela os motivos pelos quais é cultuada.

É interessante destacar que essa posição comporta um elemento importantíssimo: o artista é o "gênio da raça", não é possível desvincular o "gênio" criador que concebeu uma obra de arte do sentido do mundo e da vida impressos na obra. Por isso, inevitavelmente, o culto.

Quem defender, por outro lado, que o valor de uma obra de arte independe do comprometimento do artista, tem em vista que cabe a quem se postar diante de uma obra dar conta de tal valor no que é interno a ela. Uma vez que o comprometimento implícito ou explícito do "gênio" criador não é levado em conta, o que importa é saber quais são os elementos internos de uma obra para que ela seja catalogada como obra de arte e com isso se apresente como objeto de culto. Os efeitos que a obra provoca, então, residem na própria obra. O artista é como aquele que recebeu o dom de revelar aos homens a beleza sem qualquer condicionante. A obra de arte pura está além de qualquer julgamento externo. Sua fruição exige, portanto, um descomprometimento. A obra, sua aura pairam além dos humores do tempo ou da condição humana, além de qualquer intenção implícita ou explícita expressa pelo artista.

Essa é a posição de um filósofo como Nietzsche, em obras como *O nascimento da tragédia no espírito da música*. No entrelaçamento obra/artista, Nietzsche sustenta que a verdadeira obra de arte só é fruída por espíritos superiores, por aqueles que tenham uma moral aristocrática, em oposição a uma moral de escravos. O artista, o "gênio" criador, só tem compromisso consigo mesmo. A obra, em sua integridade, prescinde de qualquer julgamento que lhe seja externo. O artista que se regozija com o aplauso, com a aceitação, é fruto de uma moral decadente, é expressão de uma moral de escravo, em suma, é um decadente. Por isso, Nietzsche radicaliza e rompe com Richard Wagner. No momento em que o teatro de Bayreuth foi inaugurado, com a apresentação de *Os anéis de Niebelungo*, Wagner cedeu ao que Nietzsche chamava de moral decadente e se curvou aos aplausos.

Um elemento importantíssimo dessa posição é: "arte pela arte". O culto não se dá pelo comprometimento do artista, pelos sentimentos que a obra provoca independentemente de seus elementos internos, mas pela experiência de que se é um ser predestinado, um ser que está além dos julgamentos de bem e de mal. A obra de arte, assim, não precisa dar sentido à vida ou ao mundo. O elemento mais forte para a defesa de que o culto independe do comprometimento do artista é que a obra em si mesma é vida. Um vitalismo como o de Nietzsche parte do ponto de que o artista, no ato de criação, não predispõe o objeto de criação a qualquer justificativa que lhe seja externa. Criar e transmutar valores são coetâneos, por isso não há valor fora da obra que lhe sobreviva.

Se é possível atribuir pontos favoráveis às duas posições, é possível igualmente atribuir pontos desfavoráveis. É o que será feito a seguir. Levando em conta que uma obra de arte não pode ser desconectada do comprometimento do artista não há como negar, entretanto, que isso dá margem a mal-entendido. Apesar das intenções, uma obra que provoca certos efeitos em uns pode não provocar em outros. E o padrão para avaliar seu valor pode ficar confinado ao que o vulgo chama pelo nome de gosto, e gosto não se discute. Um *Guernica*, por exemplo, não seria apreciado por quem não tem a menor idéia do que foi a guerra civil espanhola, por quem não tem a menor idéia do que significa Guernica. O quadro de um artista, talvez bem "menor" que Picasso, daria muito mais sentido à vida de certas pessoas, daria muito mais sentido ao mundo. Como restituir, então, o suposto verdadeiro valor de um Picasso em contraste com um quadro de suposto valor "menor", mas que atinge mais diretamente os sentimentos de muitos em função do comprometimento do artista? (Lembremos que os realistas russos não reconheceram um Malevitch.)

166 Humberto Pereira da Silva

Não sem um tique de provocação, um Dalí, obra de um monarquista conservador que abençoou os franquistas que bombardearam Guernica, para um incauto, pode ter um apelo emocional muito maior que um cubista de Picasso. Para ficarmos com um exemplo vindo do cinema – do filme *Frida* –, como contrapor a obra de uma Frida Khalo com a de um Diego Rivera? Se a obra de Diego Rivera só pode ser suficientemente apreciada à luz de um México convulsionado dos anos 30, em contraste com a obra de Frida Khalo, hoje certos aspectos de engajamento da obra de Rivera perdem espaço para o intimismo da obra de Frida Khalo.

Ou seja, o culto está inequivocamente preso aos condicionantes dos efeitos provocados. E as possíveis intenções do artista podem estar em descompasso com o público, da mesma forma que os efeitos provocados podem mudar com tempo. Não há o que garanta sua sobrevivência se uma obra comporta a dimensão que se confina no sentido da condição humana, de algo que dê sentido à vida e ao mundo. Um Malevitch e uma Khalo têm valor diverso do que tiveram quando pintados. E não há razão para supor que os efeitos, e com isso o culto, que provocam hoje se repitam nos próximos séculos em função das intenções de seus criadores. E, bem entendido, isso vale também para um Picasso.

Se o artista é o "gênio da raça", a fim de que ele não seja um gênio incompreendido, é preciso que as pessoas saibam disso. Mas aí fica um problema: a circularidade entre obra e efeitos. Os efeitos seriam provocados por algo interno à obra? Então, acaba-se caindo no valor da obra em si mesma. Os efeitos apenas corroboram esse valor. Um Picasso é uma obra "maior" do que a de um artista "menor", independentemente da alteração de efeitos provocados com a passagem do tempo?

Mas isso não deixa os defensores da arte pela arte numa posição tão confortável assim. Vejamos o porquê. Se uma obra for considerada apenas em seus elementos internos, pode-se prescindir completamente da questão do gosto ou, seguindo o vocabulário aqui apresentado: o culto em função dos efeitos. Olha-se um quadro, assiste-se a um filme, faz-se uma decodificação de seus elementos estruturais, analisam-se as proporções, a harmonia entre as partes e apresenta-se um veredito: é uma obra de arte, de fato. Quem quer que questione, terá de prestar contas das medidas, pois a apreciação nada mais é do que o ato de apor uma régua à obra. Um filme é uma obra de arte na medida em que os enquadramentos são tais, o campo de profundidade é tal, o movimento de câmeras obedece a regras tais e quais.

Saber assim que um filme é uma obra de arte é estar em sintonia com os elementos, por exemplo, da linguagem fílmica. E soaria estranho apor uma régua ao gosto ou aos efeitos provocados (o sentimento, nos ensina

Wittgenstein, está na linguagem) para ver se o gosto também se enquadra às regras que permitam qualificar um filme como obra de arte. Quem assim proceder terá de olhar para a linguagem e ver se nela seus gostos se enquadram nos padrões estabelecidos para classificar o filme como obra de arte, mas, se isso é possível, quem assim procedesse não teria como medir o gosto ou os efeitos provocados pela presença diante de uma obra de arte em qualquer pessoa além de si mesma.

Eu posso mentir que gosto de um filme, para agradar, numa situação convencional, e todos poderiam mentir, e teríamos dificuldades de saber qual a régua que mede a qualidade de um filme, de um quadro ou coisa parecida. Como saber que a régua que me permite estabelecer meu padrão de gosto para um filme guarda as mesmas medidas de uma régua utilizada por outra pessoa senão a partir da linguagem? Não é possível saber quando alguém está mentindo a não ser no reino da própria linguagem, que estabelece as regras para a aferição de uma ação mentirosa.

Se for uma tarefa talvez estranha medir o gosto de alguém, de qualquer forma, é estranho também imaginar outro critério para apurar o valor intrínseco de uma obra. Ou seja, um afresco, uma cantata, um filme ganham estatuto de obra de arte independente do gosto, dos efeitos que provocam em função das intenções do artista. Pois, se o gosto for restituído para avaliar uma obra, neste caso também acaba-se caindo na circularidade obra e efeitos. O valor da obra, para que o gosto seja levado em conta, depende dos efeitos provocados. Gosta-se de um Picasso porque os efeitos provocados pelo culto de um Picasso são sentidos, independentemente de qualquer conhecimento que se tenha do arranjo estrutural de seus elementos internos, independentemente do que outras pessoas sintam ou afluam para ver um Picasso.

* * *

Do exposto, segue-se que estamos diante de um dilema. E, como todo dilema, encontramo-nos numa situação angustiante: como cultuar *Triunfo da vontade*, *Olímpiadas*, *Viva Zapata*, *Sindicato de ladrões*, *Os prisioneiros* sem qualquer sentimento de culpa? Digamos, como assisti-los impunemente? Ao cultuarmos esses filmes, estaríamos compactuando com o nazismo e com a delação? Fico encantado toda vez que passo os olhos pelas imagens de *Triunfo da vontade*, mas em seguida sou assaltado por um medo apavorante: o que significa esse encantamento? Causa em mim profunda admiração o modo como Kazan compôs um Zapata trotskista alvejado de modo covarde após um ato de delação e fico indignado com o ato do traidor. Mas, que sentido dá à intenção do artista diante do que ele próprio fez na vida real quando se postou como traidor?

O fascínio que um Kazan ou uma Riefenstahl exercem é inegável, quando olho para os meus próprios sentimentos, mas igualmente angustiantes. O ponto a que acho importante chegar a respeito desses dois artistas é: Onde reside o valor de suas obras? Em si mesmas, independentemente de qualquer intenção de seus criadores, ou no fato de estarem inexoravelmente ligadas à visão de mundo com a qual Riefenstahl e Kazan comungam? Não creio que haja uma chave precisa para uma resposta definitiva. Acho mesmo que se trata de uma questão que sempre permanecerá aberta. Sempre permanecerá aberta de um modo angustiante para mim e creio que, igualmente, para quem queira ver um filme como obra de arte, e não como um produto para entretenimento. Nesse ponto expresso aqui um posicionamento bastante pessoal: entre a "arte pela arte" e o "gênio da raça", eu fico com o "gênio da raça". Uma escolha, e como toda escolha, como nos ensinam os existencialistas, gera angústia: não me sinto decididamente confortável.

Para mim, se eu pensar num mundo ideal no qual não existisse o nazismo e que eu assistisse ao *Triunfo da vontade* e que não existisse um Congresso para atividades antiamericanas, e igualmente eu assistisse a *Viva Zapata* e ainda que nesse mundo ideal eu soubesse que uma obra de arte resulta dos efeitos provocados em mim independente de qualquer condicionante externo, não teria como dizer que esses filmes não são obras de pura beleza cinematográfica. Eu me deliciaria com os enquadramentos, com os movimentos de câmera, com a composição de um personagem cinematográfico num momento revolucionário. E poderia cultuar, sem qualquer sentimento de culpa, esses dois maravilhosos filmes.

Mas não é isso que ocorre. Vivemos num mundo real, num mundo em que o nazismo foi um fato e não um produto de ficção, num mundo em que a caça às bruxas fez vítimas de carne e osso e não imaginárias. Sendo assim, sinto-me angustiado em cultuar uma Riefenstahl ou um Kazan. Se alguém me perguntar, digo que prefiro o que talvez seja uma obra "menor": está mais de acordo com o que o meu gosto recomenda. De qualquer forma, eu próprio recomendo: não é o caso assistirmos a um filme de modo ingênuo. E talvez nisso consista a grande dificuldade das relações entre estética e comprometimento. Assistir a um filme ingenuamente é algo como, possivelmente, pactuar com idéias que desconhecemos; e isso é válido num mundo idealizado, mas esse mundo de fantasia, esse mundo de Oz, é extremamente enganoso e perverso.

Claro que nesse ponto do solilóquio não é de todo descabida a indagação: mas há diferenças entre compactuar com o nazismo e delatar comunistas? Pois não se pode dizer que os dois casos são assim tão similares.

Certo, Leni Riefenstahl foi fiel a uma ideologia, e Kazan traiu uma ideologia. Mas logo me dou conta de que isso torna as coisas ainda mais embaraçosas: devo dar mais crédito a quem foi fiel ou a quem traiu?

Caso eu seja indagado se fico com a fidelidade de Leni Riefesntahl ou com a traição de Kazan, a resposta é: fico com a traição de Kazan. Estranha resposta, preferir um traidor a alguém que pautou sua ação pela fidelidade. Ocorre que me sinto mais à vontade diante das incertezas e angústias de um Kazan do que diante da convicção de uma Leni Riefenstahl. Depois da guerra, parece-me que sempre foi fácil para Leni Riefesntahl justificar o porquê de sua adesão ao nazismo. E nunca me senti confortável com suas justificativas. Ou seja, sempre foi fácil para ela retrucar os que a acusavam de colaborar com o nazismo dizendo que fizera apenas um "trabalho". De certa forma, ela nunca teve integridade moral suficiente para fazer um *mea culpa*, e isso sempre me incomodou nela, e gera em mim efeitos ruins quando estou diante de *Triunfo da vontade*. Kazan, por outro lado, sempre foi um personagem mais complexo. Diria, muito mais angustiado quando posto diante de seu ato. Na verdade, se contrapusermos o quadro político em que viveu – stalinismo, trotskismo, guerra da Coréia, guerra fria –, é possível ver algo de muito frívolo em seu ato (preferiu preservar sua carreira de sucesso em Hollywood), mas seu caso é muito complexo. Em 1956, Nikita Kruschev, irá justamente denunciar os crimes de Stalin, e esse mesmo ano é marcado, ainda, pela trágica invasão da Hungria pelos tanques soviéticos.

Mas, ajustadas as contas, minha escolha pelo "o gênio da raça" e por *Viva Zapata* não elimina minha angústia, pois não creio que se possa catalogar uma obra como objeto de arte, a ser cultuada, portanto, desconsiderando o comprometimento do artista: para mim a obra revela o gênio que a criou. Assim, por princípio, porque entendo que o culto não se faz impunemente, e sem que isso me conforte, prefiro não incluir *Triunfo da vontade* e *Viva Zapata* como obras de gênios. Isso porque teria de acertar conta com as mensagens inequívocas que Leni Riefenstahl e Elia Kazan expressam nessas obras. E eu prefiro me sentir mais culpado por lhes negar o estatuto de obra de arte. Uma escolha dolorosa, como sói acontece nas situações dilemáticas. Contudo, para não sermos demasiado ingênuos num julgamento precipitado, escolher é perigoso, como nos ensina o poeta: morrer jovem e alçar a glória eterna ou viver uma velhice obscura? Sabemos qual foi a escolha de Aquiles, sabemos qual foi a escolha de Che Guevara... E isso vale para quem afluir até as salas de projeção para ver *Tróia* ou *Diários de motocicleta*.

REVISTA ABECÊS, 9/10, SETEMBRO DE 2004.

CINEMA E FILOSOFIA EM BERGMAN E TARKOVSKI

A questão da escolha em O sétimo selo *e* O sacrifício

Há um oceano que envolve as relações entre cinema e filosofia. E, igualmente, Ingmar Bergman e Andrei Tarkovsky – dois dos mais importantes cineastas do século passado – são donos de uma filmografia densa, que abre espaço para indagações filosóficas. Na obra desses cineastas, dois filmes são particularmente marcantes: *O sétimo selo*, do primeiro, e *O sacrifício*, do segundo. Os personagens principais desses dois filmes canalizam, por assim dizer, inquietações universais que são plasmadas na tela. Por isso, por conta da densidade com que os temas são apresentados – sem qualquer concessão aos imperativos do consumo, por exemplo –, são filmes que podem nos instigar a uma reflexão sobre nossas escolhas, sobre o modo como nos deparamos diante de uma obra de arte; sobre o modo como uma obra tem ou não importância para nossos sentimentos diante do mundo.

Assistir a um Bergman ou a um Tarkovsky exige algo como um comprometimento com certa visão de mundo, com certo padrão de cultura. E isso quer dizer o seguinte: partilhar um universo cultural para além de clichês e esquetes. Trata-se, assim, daquilo que Erasmo de Roterdã chamou quatro séculos atrás de conduta civilizada. Passemos então a uma breve apresentação de Bergman e de Tarkovsky, com o fito de relembrar a importância desses cineastas e chamar a atenção para a sobrevivência dos temas que expressam. Com isso, possivelmente, reativar um interesse que creio anda meio adormecido, ou restrito a círculos meio fechados, sobre como certo tipo de cinema era feito e que merece algo como uma revisão para que lembremos seus temas, as mensagens que passaram e, talvez, principalmente, que exigem algo mais que entretenimento.

Bergman é um diretor sueco nascido em 1918. De formação luterana (o pai era pastor), teve uma educação extremamente rígida – ecos dessa educação se fazem sentir em muitos de seus filmes, como em *Fanny e Alexander*. Como se pode ler numa autobiografia intitulada *Lanterna mágica*, o diretor amargou uma criação autoritária, baseada em coisas como pecado, confissão, castigo, perdão e indulgência. Ele revela que após contar uma mentira sempre recebia castigos constrangedores, como desfilar vestido de menina ou ser trancafiado num armário.

Bergman se inicia como crítico e autor de peças teatrais no princípio dos anos 40 e seu trabalho teatral é marcado pela forte presença das peças de Strindberg, maior dramaturgo sueco do XIX. Bergman, ainda, durante sua juventude, se ligou a rodas de intelectuais suecos que discutiam avidamente temas como o existencialismo de Kierkegaard, Sartre e Camus. No meio da década de 40, ele abandona o teatro e vai para o cinema. Embora seus primeiros filmes não tenham despertado grande interesse – são marcados pela influência do realismo poético francês, de cineastas como Marcel Carné e Jean Renoir –, a partir do início dos 50 ele acaba se tornando o principal responsável pela recuperação do cinema sueco, que gozou de grande prestígio nos anos 20 com cineastas como Victor Sjöströn e Mauritz Stiller.

É na década de 50, no entanto, que Bergman nos lega alguns dos filmes mais representativos da história do cinema. *Mônica e o desejo* (1952) pode ser considerado como sua primeira obra-prima; segue-se *Noites de circo* (1953), *Uma lição de amor* (1953), *Sorrisos de uma noite de amor* (1955) e *Sonhos de mulheres* (1955). Nesses filmes Bergman revela ao mesmo tempo um mundo decadente, onde vivem personagens solitários e infiéis. Com isso, retrata o sofrimento e a incomunicabilidade do ser humano, por meio do amor malbaratado e da irremediável solidão a que homens e mulheres estão condenados. Nesses filmes, principalmente em *Sonhos de mulheres*, ele mostra seu lado intimista. Nesse último são narrados os dramas vividos por duas mulheres, seus sonhos, suas crises, seus tormentos e suas relações com o universo masculino, por meio de imagens repletas de alusões e num ritmo lento – longos planos-sequências, nos quais os diálogos estão praticamente ausentes, e imagens sugestivas. É essa marca do cinema de Bergman, que tem como ponto de partida o dinamarquês Carl Dreyer e o francês Robert Bresson, que vai influenciar toda uma geração de cineastas nos anos seguintes, dos quais destaco Michelangelo Antonioni, Alain Resnais, Fassbinder e, na Rússia, Tarkovsky.

Bergman retomará a temática feminina, ao expor personagens em situações de angústia, incomunicabilidade e obsessões em filmes posteriores, como *Persona* (1966) *Gritos e sussuros* (1973) e *Sonata de outono* (1978). Mas o que a crítica considera suas obras mais importantes e influentes são *O sétimo selo* (1956) e *Morangos silvestres* (1957). São filmes alegóricos, em que está presente o sentido da existência humana quando o homem está posto diante da morte. Sobre *Morangos silvestres*, trata-se de um *rod movie* em que, por meio de *flashback*, mostram-se as reminiscências de um professor aposentado que, numa viagem de carro, vai receber um prêmio honorário numa universidade.

Feita essa breve apresentação de Bergman, de alguns de seus filmes principais, passemos a Tarkovsky. Em primeiro lugar, a filmografia de Tarkovsky sofreu influência muito grande da de Bergman: o uso constante do plano-sequência, ritmo lento, poucos diálogos e imagens sugestivas. Mas em Tarkovsky esses elementos ganham uma dimensão muito mais acentuada. Para ele o enredo está praticamente a reboque das imagens. O que lhe interessa é captar o que chama de o tempo da imagem. O que há de mais importante para Tarkovsky, considerando-se a autonomia do cinema, é o que a imagem pode sugerir por sim mesma, independentemente de qualquer fundo narrativo. Daí que o enredo de seus filmes pode se resumir a poucas linhas, mas os temas que aborda e, por conseguinte, a interpretação de seus filmes, desafia o espectador desatento. Todos os filmes de Tarkovsky são, num certo sentido, alegóricos; pode-se dizer que cada cena de um de seus filmes pode ser assistida e interpretada independentemente do filme. E que, na mesma medida, essa mesma seqüência se insere numa visão bastante pessoal que ele tem da arte de filmar e do modo como entende o papel da criação artística para a vida humana.

Falemos um pouco de Tarkovsky. Depois de fazer estudos regulares de cinema, ele dirige *Infância de Ivan*, em 1962, filme no qual já aparecem os primeiros traços de sua concepção estética. Mas é só com *Andrei Rublev*, de 1966, que Tarkovsky cria um mundo totalmente independente do cinema soviético. Rublev é um pouco conhecido autor de ícones da Idade Média que Tarkovsky toma como modelo para mostrar as tensões que nos envolvem quando não temos certeza de nossa vocação ou de nosso destino, pois Rublev desiste de pintar diante da maldade do mundo que está à sua volta. Sua mente muda apenas quando encontra um jovem que está tentando forjar um sino. Ao ser indagado sobre como sabia que o sino tocaria, o jovem responde que não sabe nada de forja e que simplesmente tentara. O sino prova que tem som, e o filme termina com uma maravilhosa seqüência de ícones que, supõe Tarkovsky, Rublev começou a pintar.

Andrei Rublev foi muito mal recebido pelas autoridades soviéticas. O filme foi censurado e só foi exibido pela primeira vez, de modo clandestino, no Festival de Cannes de 69. Tarkovsky é então descoberto pelo Ocidente. *Andrei Rublev* só foi liberado pelas autoridades soviéticas em 71, momento em que ele está filmando *Solaris*, que para muitos é uma reposta soviética a *2001 Uma odisséia no espaço*, de Kubrick, o único filme de Tarkovsky que foi razoavelmente bem recebido na ex-União Soviética.

Sempre em conflito com as autoridades soviéticas, ele ainda faz em solo russo *O espelho* e *Stalker*. Até que se exila e faz seus dois últimos filmes – *Nostalgia*, na Itália, e *O sacrifício*, na Suécia. *O sacrifício*, de 1986, ele não chegou a ver, pois morreu antes, vitimado por um câncer, aos 54 anos. Depois dessa apresentação sucinta desses dois cineastas, passemos a dois filmes deles que considero emblemáticos, e que modulam suas concepções estéticas e temáticas: *O sétimo selo* e *O sacrifício*.

Na primeira seqüência de *O sétimo selo*, ao som de *Carmina Burana* e com uma águia sobrevoando sob um céu plúmbeo, uma voz em *off* faz remissão a uma passagem do *Apocalipse* de João: "E quando ele abriu o sétimo selo, fez-se um silêncio no céu, quase por meia hora; e vi sete anjos que estavam em pé diante de Deus, e lhes foram dadas sete trombetas". Um cavaleiro medieval na praia ora; depois de sua oração, tem um encontro com a morte; o cavaleiro diz que já esperava pela morte, mas, exímio jogador de xadrez, propõe um jogo à ela. Enquanto não for vencido, ele vai procurar fazer algo que dê sentido à sua vida.

A abertura de *O sacrifício* é feita ao som de *O evangelho de Matheus*, de Bach. Na seqüência inicial, um longo plano-sequência envolve dois personagens – um crítico teatral e seu filho pequeno – que estão regando uma árvore. A câmara os observa de longe, de modo que não haja distinção precisa entre eles e a paisagem. O pai diz ao filho que a ordem do mundo está em coisas aparentemente insignificantes que fazemos todos os dias, como regar uma planta seca que não sabemos se vai florir. Logo surge um mensageiro, os dois travam um rápido diálogo sobre Nietzsche, a idéia do "eterno retorno" e, depois que o pai volta a ficar a sós com o filho, ele lhe diz: "No princípio era o Verbo, mas você está mudo como um salmão". O garoto está em processo de recuperação de uma operação na garganta, está proibido de falar; ouve em silêncio o pai lhe contar a história da árvore estéril.

Essas duas seqüências iniciais dão o mote para a compreensão do que Bergman e Tarkovsky vão propor nesses dois filmes: o sentido de nossas escolhas para nossa felicidade, o papel da religião e do místico em nossas vidas, a alusão a elementos da arte, da religião, o tom melancólico. E, também, as soluções que propõem: Bergman e o apocalipse, de um lado; Tarkovsky e o evangelho, de outro.

O sétimo selo, por sua vez, narra as andanças do cavaleiro medieval por entre vilarejos grassados pela peste, até o seu encontro final com a morte. Nessas andanças, o que creio ser interessante ressaltar é o modo como Bergman filma a angústia do cavaleiro. Num primeiro momento, pode-se supor que ele escolhe jogar xadrez com a morte para adiar o que sabe que é inexorável. Quer dizer, sabe que não pode escapar à morte. Mas para que esse prolongamento? Para se redimir de seus pecados? Para tentar dar sentido à sua vida?

Como contraponto ao cavaleiro e suas angústias, uma família de atores mambembes transita completamente inocente diante de tudo que se passa.

E, por meio dessa família de atores mambembes, Bergman exibe um tipo de felicidade que pode ser alcançada por alguém que está absolutamente inocente em relação ao mundo. Na cena final, eles são os únicos que sobrevivem à peste.

Do contraste entre as andanças do cavaleiro e da família mambembe que o acompanha, é interessante notar o seguinte: a família simplesmente vive; eles se deslocam de um lugar para o outro, alheios ao mundo. O ponto de partida das ações do cavaleiro está em sua recusa em se entregar para a morte quando esta lhe aparece. Ocorre que, feita essa escolha – prolongar a vida até o lance final da partida –, não lhe traz nenhum momento de felicidade, mas apenas dúvidas, incertezas e angústia. E são essas dúvidas, incertezas e angústias que o corroem até o desespero. Pois, diante da inexorabilidade da morte, ele joga desesperadamente, como se alimentasse alguma esperança de vencer a morte. E no fundo esse me parece ser um ponto importantíssimo no filme. A escolha só é feita porque ele crê, de alguma forma, que possa sair vitorioso.

O jogo então passa a ter características curiosas. Não é mais o próprio jogo que se joga – digo, o jogo de xadrez –, mas o jogo de esquiva do jogo. Só que o cavaleiro não sabe que a morte perscruta suas confissões mais íntimas. E qualquer tentativa de lance que passe por sua mente e que, para ele, faria parte de um jogo secreto de sua mente para ludibriar a morte, é rapidamente percebido pela morte. Ou seja, ele não sabe que suas esquivas e suas esperanças de ludibriar a morte são completamente vãs. O jogo é um passatempo; pior, um passatempo angustiante e desesperador. E isso ele só sabe porque não escolheu morrer no exato instante em que a morte lhe apareceu.

Contado assim, *O sétimo selo* parece uma projeção na tela de *Temor e tremor*, de Kierkgaard, para o qual se tem em vista a história de Abraão, que tem de escolher entre a fé em Deus e o sacrifício de seu filho. Posto diante dessa escolha, decide sacrificar o filho, momento em que Deus se interpõe e coloca um animal no lugar do filho. Aqui e no filme a questão é: se Deus sabe o tempo todo o que se passa comigo, por que o jogo, por que a escolha? Ora, a resposta é: Deus sabe o que se passa na mente de Abraão, mas Abraão não tem acesso à mente de Deus. Mesmo que ele tenha tentado enganar Deus, fingir que sacrificaria o filho, Deus saberia. Mas Abraão não sabe que o que Deus sabe sobre suas intenções e simplesmente escolhe sacrificar o filho para demonstrar sua fé. Algo similar ocorre com o cavaleiro de Bergman. Ele não sabe que a morte sabe o que se passa em sua mente. Por isso a escolha; do contrário, não faria qualquer sentido escolher. Porque não sabe o que se passa na mente da morte, o cavaleiro nutre a esperança de que possa ludibriá-la. O sentido da vida, então, não está propriamente nas coisas vividas, mas nas escolhas. Que haja Deus ou não perscrutando nossa mente, somos aquilo que escolhemos. Uma vez que não temos acesso à mente de Deus, simplesmente escolhemos. Abraão, sacrificar o filho, o cavaleiro de O *sétimo selo*, jogar uma partida de xadrez com a morte.

Da mesma forma que O *sétimo selo*, e com título mais claramente evocativo, está O *sacrifício*, de Tarkovsky. Alexander, professor de estética e crítico de teatro, escolhe, com sua família, se isolar de tudo e de todos numa ilha para ficar apenas com seus pensamentos. Mas, de súbito, é assaltado pela iminência de uma hecatombe nuclear. E, mesmo na sua ilha distante, ele acompanha as notícias pela TV. Ora, ele construiu um mundo paradisíaco, alheio aos problemas humanos, em harmonia com a natureza. Mas, mesmo no paraíso, não pode fugir a outra escolha: sacrificar ou não tudo que construíra para que sua vida tivesse sentido? Num ato drástico, ateia fogo na sua bela casa, símbolo da harmonia que tanto buscou. Na cena final, seu filho, que passara o tempo todo em silêncio, diz: "No princípio era o Verbo; por quê, papai?".

A palavra – o "Verbo" – é escolhida: Alexander pede a Deus que o mundo se recomponha se ele abrir mão do que até então lhe é mais sagrado. E, na escolha, o sacrifício. Sacrifício aqui resulta de uma escolha, como se, na escolha, pela palavra – o "Verbo" –, já estivesse inscrito o sentido da vida e do mundo. Alexander simplesmente poderia aguardar pacientemente os acontecimentos. Ele não sabe, não tem como saber se a hecatombe o atingirá. Na verdade, as notícias não são precisas. Mas sua escolha está ligada ao desespero diante do sentido da vida. Viver é, de alguma forma, se sacrificar; ou, dizendo de outra forma, abrirmos mão de um mundo, de uma forma de vida por outra, sem que tenhamos qualquer certeza de que tenha sido a melhor escolha. O mundo em que vivemos, o nosso mundo, resulta de nossas escolhas, daquelas mais prosaicas, quando nos levantamos e regamos uma árvore estéril, quando ateamos fogo àquilo que passamos a vida toda construindo.

O sacrifício, então, não está propriamente em atear fogo à casa (o fogo na casa é uma alegoria: Alexander poderia atear fogo ao próprio corpo, e é isso que ocorre com um personagem de *Nostalgia*, filme anterior de Tarkovsky), mas na escolha: quando ele escolhe, quando escolhemos, sacrificamos um mundo. A escolha é algo como a destruição de um mundo possível. Não sabemos o que nos reserva quando deixamos de lado um mundo que se abre. Mas sabemos que esse mundo, deixado de lado, está irremediavelmente sacrificado.

Em Tarkovsky também há ecos de um existencialismo como o de Kierkgaard. O sentido da vida, então, não está propriamente nas coisas vividas, mas nas escolhas. Que haja Deus ou não perscrutando nossa mente, somos aquilo que escolhemos. Uma vez que não temos acesso à mente de Deus, simplesmente escolhemos. Abraão, sacrificar o filho, Alexander, sacrificar um mundo no instante em que ateou fogo à casa.

Embora se possa sustentar que os temas de Bergman e Tarkovsky são por demais pretensiosos, creio que o ponto importante aqui é: o que a experiência com o cinema pode nos ensinar sobre a vida, sobre o mundo, sobre nossas escolhas? Não se trata de buscar uma filosofia escondida em obras como *O sétimo selo* e *O sacrifício* – algo como uma filosofia do cinema –, mas de notar que, como a filosofia, a literatura, o teatro, a arte, o cinema nos ensinam algo sobre a vida, o mundo, nossas escolhas; trata-se, então, de notar que alguns filmes – resultado da criação de um artista – são matizados a ponto de plasmarem questões e inquietações universais. Nesse sentido, as obras de Bergman e de Tarkovsky, e em particular *O sétimo selo* e *O sacrifício,* são emblemáticas.

TEXTO ORGANIZADO A PARTIR DE PALESTRA NA *UNIVERSIDADE SÃO JUDAS TADEU* – *USJT*, EM NOVEMBRO DE 2003.

QUESTÃO DE GOSTO E DE COMPREENSÃO

A apreciação de um filme

Toda vez que assistimos a um filme, que estamos diante de um quadro, vemos uma peça de teatro, lemos um romance, ouvimos uma poesia, um recital, enfim, estamos diante de um objeto de arte qualquer, somos assaltados por expressões como: "Que maravilha!"; "Como é belo!"; "Que experiência prazerosa!". Um objeto de arte nos toca, toca as pessoas que estão ao nosso redor. Por isso, manifestamos nosso contentamento, nosso prazer para que outros também possam partilhar nossos sentimentos, ouvimos expressões de prazer de quem está ao nosso lado.

Podemos ouvir também expressões como: "Que tédio!", "Que coisa cansativa!", "Que coisa de mau gosto!". Tudo isso é muito natural e, por que não, de acordo com a natureza humana: somos humanos (para lembrar Terêncio) e nos deleitamos diante de coisas belas; do mesmo modo, sentimos repulsa por objetos que são tomados por outras pessoas como artísticos. A apreciação do que é belo, então, nos desafia a uma indagação: O que é o belo? Por que certos objetos que encantam uns não encantam outros? Por que gostamos de certos objetos de arte e não de outros? Há um padrão de beleza absoluto? Se a resposta for afirmativa, que sentido dar àquilo que nos afeta mais diretamente e que sabemos não afetar quem está ao nosso lado? Se a resposta for negativa, por outro lado, que sentido dar tanto a expressões como "Que maravilha!" quanto a "Que tédio", se em relação ao mesmo objeto há sentimentos distintos entre mim e quem está ao meu lado?

Diante dessas questões, não sem razão, há toda uma filosofia em torno do belo, em torno do gosto, de nossa apreciação daquilo que o homem cria e que é chamado de obra de arte. De fato, desde Platão até os contemporâneos, o belo é um capítulo a parte da filosofia. Nos últimos duzentos anos, por conta disso, surgiu uma disciplina chamada estética. Filósofos como Baumgarten, Kant, Schelling, Hegel, Schopenhauer, Nietzsche, Heidegger, Benedecto Grocci, Wittgenstein e outros deixaram belas páginas sobre o belo. Seria demasiada pretensão falar especificamente sobre o que um desses filósofos nos legou. Isso implicaria nos situarmos no escopo de problemas próprios de suas filosofias. O que proponho aqui é um breve solilóquio sobre dois pontos que acho por demais interessantes: o gosto e a compreensão, quando estamos diante de um filme.

Passo, então, aos dois pontos que levantei – gosto e compreensão (no caso, dos padrões de linguagem que nos permitem avaliar uma obra de arte) – para, em seguida, fazer uma aproximação do cinema de padrões de linguagem, na apreciação de um filme. Para tanto, acho interessante contrapor o cinema comercial de Hollywood e o cinema de arte (ou *cult*). Tendo isso em vista, considero instigante ter como modelos dois nomes representativos: o americano Steven Spielberg e o gaulês Peter Greenaway. Ambos nascidos na década de 40, cujas obras mais significativas vieram a público a partir da década de 70. A idéia é ver o quanto de gosto e compreensão do padrão de linguagem podemos levar em conta quando apreciamos um filme de Spielberg e um de Greenaway.

Spielberg não exige muita apresentação. Desde *O tubarão*, de 1975, até o recente *O terminal*, é um dos nomes mais aclamados da indústria do cinema. Pode-se dizer, sem muito exagero, que nosso imaginário sobre cinema dos últimos quinze anos é quase que formado pelos filmes de Spielberg. Com cenas marcantes de aventura, suspense, emoção, seus filmes encantam crianças, adolescentes, adultos em todos os cantos de mundo, em todos os segmentos sociais. Num certo exagero, Spielberg está para o cinema atual como Chaplin esteve para o dos anos 20. Assim, é quase impossível encontrar alguém, em segmentos sociais os mais diversificados, que não tenham visto *Os caçadores da arca perdida*, *ET*, *Indiana Jones*, *Jurassic Park*.

Por outro lado, Peter Greenaway exige algumas notas. Seus filmes não são tão conhecidos do público quanto os de Spielberg. Do mesmo modo que realizadores recentes como David Cronemberg e David Lynch, os filmes de Greenaway acabam restritos a um público bastante específico e são cobertos pela etiqueta de incompreensíveis. Nascido no País de Gales, a família muda-se para Londres quando ele ainda é adolescente. O pai, um ornitólogo diletante, lhe transmitirá grande paixão pelos pássaros, um elemento importante em seus filmes. É na capital britânica, então, que aos 16 anos ele é convidado por um amigo a assistir a uma projeção de *O sétimo selo*, de Ingmar Bergman. Esse evento marcou profundamente sua decisão de se tornar cineasta. Desde aquele momento, desenvolveu grande paixão pelo cinema, e em particular por cineastas como Antonioni, Godard, Truffaut e Resnais. (Esses dados não estão sendo citados aqui de modo gratuito, pois, como vamos ver adiante, são importantes quando temos em vista a contraposição de filmes comerciais e filmes *cults* e o modo como se apresenta a questão do gosto e da compreensão de um filme.)

Personalidade marcante da cena cultural contemporânea, a obra de Greenaway caminha das artes plásticas, da montagem e do documentário ao cinema experimental. Com formação em artes plásticas e literatura experimental, aproveita essas possibilidades em sua obra fílmica: usa pinturas para ilustrar seus filmes (bem como parte dos cenários), escreve os roteiros, faz *storyboards* e cria os figurinos (sobre a aproximação com a pintura, o filme de Greenaway em que isso é mais explícito é *Zôo – Um Z e dois zeros*; os efeitos de luz projetados na tela remetem às pinturas do holandês Vermeer, que aliás é amplamente citado nesse filme).

Daí que os filmes de Greenaway sejam composições elaboradas com forte impacto visual: seus enquadramentos são compostos como pinturas; a estaticidade de suas cenas se sustenta no uso muito lento do *zoom* e em longos e solenes *travellings* laterais; são poucas as concessões à narrativa cinematográfica tradicional. Greenaway manipula a realidade por meio de metáforas visuais: a narrativa fílmica é estruturada pelo viés da imagem e por meio de referências visuais do vocabulário imagético de cada espectador. É desse ponto que se pode revelar a faceta mais interessante do cinema de Greenaway, que transita entre os círculos da alta e da baixa cultura e ilumina as entrelinhas da comédia humana. O efeito a ser obtido é o de espelhamento da platéia na tela do cinema: o jogo entre o cineasta e o público se torna parte fundamental da estrutura do filme; por isso, pouco importa a história narrada. O propósito do cinema, para que seja uma forma de expressão com uma linguagem autônoma, não é o de "contar histórias", mas sim o de despertar emoções pelo espelhamento das imagens, pelas referências que suscita, pelo uso de cenografias e de músicas.

Feita essa rápida apresentação de Spielberg e Greenaway, passo à questão: gosto se discute, ou não, quando estamos diante de um filme? Minha resposta é: não! Gosto é o modo como sou afetado pela presença de um objeto qualquer: o movimento de uma câmera que capta o deserto em *Caçadores da arca perdida*, de Spielberg, ou os vegetais, frutas e peixes dispostos na mesa em *O cozinheiro, o ladrão, sua esposa e o amante*, de Greenaway. Isso me afeta, e eu não preciso compreender que a câmera realizou um *travelling*; não preciso sequer saber que ela se movimenta. E sou afetado de tal maneira que não preciso dizer nada a ninguém. Na verdade, um comentário em primeira pessoa como "eu gosto..." é redundante. Para lembrar Roland Barthes, em *Fragmentos de um discurso amoroso*, soa como "ela é adorável porque é adorável". Eu não tenho dúvida daquilo de que gosto. Não faz sentido então dizer "eu gosto...", "isso é admirável". O gosto diz respeito ao que se passa em minha mente, ao meu interior, por isso é inefável.

Proferimentos sobre gosto só fazem sentido quando feitos em terceira pessoa: "Ele gosta de Spielberg", por exemplo; "O público que foi ver *O terminal* gostou do mais recente Spielberg". Essas declarações podem ser questionadas, postas em dúvida. O mesmo não ocorre quando eu digo: "Eu gostei de ver *O terminal*". Não faz sentido alguém colocar em causa o sentimento que provocou em mim um contra-*zoom* que vi nesse filme; não faz sentido alguém colocar em causa o sentimento que provocaram em mim as diversas panorâmicas que vi do aeroporto JFK; não faz sentido alguém questionar que me compadeci com a situação de alguém que passa nove meses em um aeroporto por conta de impedimentos legais do direito internacional.

Se gosto não se discute, o que se discute é a compreensão dos padrões de linguagem. Daí a questão seguinte é: o que significa um *travelling*, um enquadramento, um plano-sequência, um *raccort*, uma montagem, uma profundidade de campo, um *plongée*? Creio que a apreciação de um filme está condicionada ao gosto e à compreensão da linguagem fílmica, sendo que essas duas dimensões não se comunicam (gostar não supõe a compreensão e, na mesma medida, compreender não implica gostar: que haja sobreposição entre gosto e compreensão, isso não quer dizer que ambos estão no mesmo plano). Está fora de pauta a utilização de expressões como "refinamento do gosto". A compreensão pode mudar o gosto, mas não é por isso que eu vou gostar de obras de arte que estão num patamar de apreciação pública que desconhecia: conhecer o modo como Greenaway reproduz a luz de Vermeer me dá idéia da capacidade criativa do artista, e isso pode mudar meu gosto, mas não necessariamente.

Assim, acerca da compreensão de um filme, a pergunta é: que significa um *travelling*? Essa pergunta faz sentido, entre outros motivos porque importa compreender se a câmera se movimenta sobre seu eixo ou sobre uma grua. Posso estar chamando de *travelling* o que na verdade é uma panorâmica, um plano-sequência ou um *zoom*. Trata-se, portanto, da compreensão de que determinada sintaxe está sendo levada em conta numa seqüência fílmica. A discussão aqui se coloca porque à sintaxe cabe discutir padrões, critérios e normas, em suma, uma métrica, para dizermos porque certos filmes envolvem inovações estilísticas, revelam o gênio de seu criador, são datados ou não (por curiosidade, o primeiro *travelling* de que se tem notícia foi realizado por Georges Promiou, em 1896, no filme *Vues de Venise*; o mais longo *travelling* na história do cinema foi realizado por J. L. Godard em *Week-end*, de 1967; o filme *A arca russa*, do russo Sukúrov, de 2002, tem o maior plano-sequência da história do cinema: durante 96 minutos a câmera passeia pelas galerias do Hermitage em São Petersburgo).

O que está em pauta, assim entendo, são os padrões culturais que nos levam a valorizar certas obras de arte em detrimento de outras, em função do modo pelo qual artistas como os cineastas exploram as possibilidades da linguagem. Para levar em conta um termo caro a Wittgenstein, é preciso saber qual a "forma de vida" na qual Spielberg é comercial e Greenaway, *cult*. Ou seja, qual o uso que fazemos de palavras como gostar e compreender para que faça sentido afirmarmos algo sobre seus filmes, sobre como são recebidos. Assim, a compreensão de um filme está inequivocamente ligada ao uso que fazemos do verbo compreender. Se compreender um filme é responder o que é um *travelling*, isso exige, creio, uma pedagogia. Sem isso, a apreciação de um filme confina-se ao âmbito do solipsismo, ou seja, àquilo sobre o qual se deve manter silêncio.

Do exposto, cabe extrair algumas conseqüências quando consideramos um Spielberg e um Greenaway.

Claro que alguém pode objetar que compreender um filme é dar conta da história que se passou durante a projeção. De maneira geral, compreender um filme é dar conta da história que se passou durante a projeção. As pessoas saem do cinema, contam o que se passou (às vezes escondendo um final surpreendente nos chamados filmes de suspense) e são indagadas se gostaram ou não. O gosto se confunde, claro, com a compreensão do filme: "Eu gostei de *O terminal*, é maravilhoso. Conta a história de um homem que fica preso num aeroporto." "Assisti a *O livro de cabeceira* e saí entediado. É muito chato; a história diz nada com nada!".

De maneira geral, então, as pessoas não se perguntam sobre o *travelling*, o *zoom* ou o plano-sequência. O filme é bom se conta uma história inteligível. Daí, para muitos, o gosto estar condicionado à inteligibilidade da história contada na projeção do filme. É claro que muitos levam em conta também o tema: as pessoas saem do cinema e dizem que *O terminal* é bom porque provoca discussões sobre o mundo globalizado, as relações internacionais, a incomunicabilidade na sociedade contemporânea. Entendo, no entanto, que a inteligibilidade do tema está ligada à compreensão da história contada: "Um homem de uma República do Cáucaso, que fica preso no terminal do Aeroporto JFK porque seu país deixou de existir após um processo revolucionário, e com isso ele não é cidadão de país algum de acordo com as leis internacionais". Sendo assim, o filme é a história contada. Outros personagens são agregados, há cenas de humor, e tudo termina bem com o homem, livre do aeroporto para entrar na sociedade de consumo. Na seqüência final, ele trafega pelas belas avenidas de Nova York.

Contar uma história por meio de imagens em movimento nos dá uma compreensão das ações experienciadas, mas isso também é feito em críticas, sinopses, comentários e análises, ou seja, outros suportes para a mesma história. Assim, entendo que há uma sobreposição entre a história contada por alguém que viu o filme e aquilo que viu na projeção. Se eu contar a história de O *terminal* e alguém me filmar, teremos dois filmes: o filme contado e o próprio filme. A diferença entre os dois está justamente na gramática.

Daí, eu entendo que compreender um filme é compreender sua gramática: contar a história resulta de elementos subjetivos de percepção da narrativa. E isso, como o gosto, está confinado às nossas experiências mentais. Num paradoxo, contar a história de um filme só faz sentido para quem já o tenha visto, pois, assim, duas pessoas podem se pôr em dúvida sobre a compreensão que tiveram da história contada. Contar a história de um filme não passa da criação de uma história que guarda semelhanças com o que se viu na tela, por assim dizer.

Entendo, portanto, que gostar de um filme é o mesmo que gostar da história. A apreciação de um filme, assim, confina-se ao âmbito do solipsismo, ou seja, àquilo sobre o qual se deve manter silêncio. Para encerrar esse ponto: contar a história de um filme é uma redundância simplesmente porque não nos fazemos compreender. Contar a história de um filme para alguém que nunca o viu antes é como se contássemos para nós mesmos o que vimos projetado na tela. Isso não quer dizer, em absoluto, que a história no filme não seja importante, mas pura e simplesmente que a história é feita de *travellings*, enquadramentos, panorâmicas, montagem. São elementos como esses, da linguagem do cinema, que possibilitam compor o filme. Sem eles nenhum filme faz sentido. São elementos como esses que provocam emoções em nós e nos permitem agregar dois outros elementos importantíssimos para o cinema: o tempo e o espaço.

Numa cena de suspense de um filme como *Tubarão* ou numa cena de fantasia de *ET*, são os componentes da linguagem que nos levam a ter sentimentos como angústia ou alheamento. A câmera em primeiro plano na boca do tubarão destroçando o barco e, em contra-campo, a câmera em close exibindo o rosto apavorado de um tripulante levam o espectador a se afastar na poltrona e aguardar angustiadamente o desenlace da cena. Do mesmo modo, a panorâmica do ET voando com a bicicleta, tendo a lua ao fundo, leva o espectador, durante o tempo da cena, a se alhear do mundo e se situar no reino da fantasia. O que estou querendo dizer é: o close e a panorâmica – a gramática – são condições irredutíveis para a história no filme, portanto, para sua compreensão, pois são elementos assim que podem ser postos em dúvida: as sequências em O *tubarão* e *ET* não seguiram certos padrões, foram malfeitas, não provocam os efeitos que relatei, alguém pode objetar. O que ninguém pode objetar é se eu disser: "Eu gostei de *Tubarão*. A cena em que o animal começa a comer o barco me deixou apavorado"; ou, ainda: "A história de *ET* me fez acreditar numa bondade fora da terra", simplesmente porque ao dizer isso estou tentando verbalizar o que se passou em meu interior ao assistir a esses dois filmes.

Neste ponto da exposição, cabe a contraposição entre Spielberg e Greenaway. Se gostar dos filmes deles diz respeito ao nosso solipsismo, o mesmo não se pode dizer da compreensão de seus filmes. E aqui não é descabido dizer que essa compreensão envolve elementos de gramática; e não podemos dizer, sem sermos levianos, qual dos dois é mais "complexo", qual dos dois é melhor na "arte" de contar uma história por meio de imagens em movimento. Jogando com paradoxos, não podemos dizer que a ininteligibilidade narrativa nos filmes de Greenaway (suas histórias exigem uma atenção que não é requerida nos filmes de Spielberg) comporte uma gramática mais "difícil". Em tom de provocação: do ponto de vista da compreensão da gramática, não podemos dizer de antemão que Greenaway seja mais "complexo" que Spielberg. Compreender um *zoom* em Greenaway oferece as mesmas dificuldades que compreender um *zoom* em Spielberg.

Qual a diferença de compreensão entre esses dois cineastas, então? Novamente, a resposta é singela: Spielberg trabalha com a possibilidade de afetar o maior número de pessoas possível. Sua sintaxe, com isso, é elementar: a história contada tem uma força tal que poucos se esquecem de suas linhas gerais. O plano ou o *travelling* serve para realçar uma história que não escape da percepção do espectador, que não exija que ele leve em conta elementos que estão fora de sua compreensão para dizer: "O tubarão finalmente foi morto". Em suma, os filmes de Spielberg são previsíveis, seguem um padrão dentro dos esquemas de exigência de uma sociedade de consumo. Tudo segue um modelo em que começo, meio e fim estão bem definidos, como um produto feito em série. O que me faz lembrar as fotos de Marilyn Monroe reproduzidas *ad infinitum* por

Andy Wharol. Os filmes de Spielberg são inegavelmente bem-sucedidos nesse sentido. O resultado, não há dúvida, está na bilheteria. De modo que para Spielberg pode-se levantar a questão: Trata-se de um criador? Ou ele segue, com maestria, uma receita de acordo com as exigências do mercado? Ou de acordo com o gosto do maior público possível?

Compreender a gramática fílmica desses dois realizadores envolve, assim entendo, dificuldades similares. Compreender o quanto há de inovação, provocação, desafio e possível criatividade entre eles, no entanto, envolve um vocabulário mais amplo, que leve em conta, por exemplo, ousadia, transgressividade, exploração dos limites da linguagem. Assim, em contraste com Spielberg, Greenaway trabalha com a possibilidade de seus filmes fornecerem elementos para uma reflexão sobre a vida, sobre o mundo, sobre a realidade, sobre os próprios limites da criação artística. Sua sintaxe é alusiva, repleta de referências e incorporações de questões científicas e filosóficas. O *travelling* em Greenway descortina um espaço que invariavelmente desconcerta o espectador e o leva a refletir sobre o sentido das imagens. Greenaway está longe de fazer concessões ao gosto, enquanto este se confunde com a compreensão da narrativa, pois seus filmes escapam aos padrões de exigência de uma sociedade de consumo. O resultado, não há dúvida, está no modo como sua obra se presta à discussão e a debates, justamente por conta das possibilidades de exploração dos recursos da gramática. Ano passado, seu mais recente filme, *As valises de Tulse Luper*, desconcertou a crítica no Festival de Cannes.

Temos então a seguinte situação: Greenaway não é um cineasta para um gosto muito amplo, na medida em que muitos não compreendem as histórias que seus filmes contam. O equívoco na apreciação de um filme de Spielberg e um de Greenaway é: muitos resistem a compreender que para este último o *travelling* está apenas lateralmente a serviço de uma história contada por meio das imagens em movimento (tomam-na por tediosa, por ininteligibilidade). O papel da pedagogia (ou da crítica de cinema) é o de mostrar que nossa "forma de vida" valoriza isso de modo diferente de como valoriza num filme de Spielberg, mostrar que o *travelling* para eles satisfaz a exigências diferentes. Ou seja, determina um padrão de cultura, de inquietação, de expectativa. Entendo então que há uma situação irredutível no cinema: o chamado cinema comercial e o *cult*. A palavra compreensão dos padrões de linguagem joga um papel importante no estabelecimento da fronteira; portanto, na apreciação de um filme.

Estabelecida a diferença de compreensão nos filmes desses dois personagens da cena cinematográfica dos dias atuais (que interferem, portanto, na apreciação), concluo em tom sibilino: "Se a moça que trabalha em casa, a Neuza, diz que um filme é gracioso e eu digo que é horroroso, não há contradição entre nós. O mesmo se aplica entre mim e Jonathan Rosenbaun, para tomar um crítico padrão...".

TEXTO ORGANIZADO A PARTIR DE PALESTRA NA LIVRARIA ALPHARRABIO, EM SETEMBRO DE 2004.

***

FICHA TÉCNICA DOS FILMES

Alguns filmes da Retomada

Cronicamente inviável
(Brasil, 1999, 103 min.)
Direção: Sérgio Bianchi
Elenco: Umberto Mangnani,
Cecil Thiré e Dirá Paes.

Memórias póstumas
(Brasil, 2001, 102 min.)
Direção: André Klotzel
Elenco: Reginaldo Farias,
Petrônio Gontijo e Sônia Braga

Lavoura arcaica
(Brasil, 2000, 163 min.)
Direção: Luis Fernando de Carvalho
Elenco: Raul Cortez, Selton Melo
e Simone Spoladore

Milagre em Juazeiro
(Brasil, 1999, 83 min.)
Direção: Wolney Oliveira
Elenco: José Dumont
e Roberto Bomfim

Latitude zero
(Brasil, 2000, 85 min.)
Direção: Toni Venturi
Elenco: Débora Duboc
e Cláudio Jaborandi

Janela da alma
(Brasil, 2001, 73 min.)
Direção: João Jardim e Walter Carvalho
Elenco: José Saramago, Hermeto Pascoal,
Wim Wenders

Abril despedaçado
(Brasil/França/Suíça, 2001, 95 min.)
Direção: Walter Salles
Elenco: José Dumont, Rodrigo Santoro
e Rita Assemary

Edifício Master
(Brasil, 2002, 110 min.)
Direção: Eduardo Coutinho

A festa de Margarette
(Brasil, 2002, 80 min.)
Direção: Renato Falcão
Elenco: Hique Gomes,
Ilana Kaplan, Carmen Silva

Deus é brasileiro
(Brasil, 2002, 120 min.)
Direção: Cacá Diegues
Elenco: Antonio Fagundes
e Paloma Duarte

Amarelo manga
(Brasil, 2002, 101 min.)
Direção: Cláudio Assis
Elenco: Leona Cavalli, Jonas Bloch
e Matheus Nachtergaele

Carandiru
(Brasil/Argentina, 2003, 147 min.)
Direção: Hector Babenco
Elenco: Luiz Carlos Vasconcelos,
Minhem Cortaz e Milton Gonçalves

Filmes do crepúsculo do XX e da aurora do XXI

Matrix
(EUA, 1999, 136 min.)
Direção: Andy and Larry Wachowsky
Elenco: Keanu Reeves, Laurence Fishburne
e Carrie-Anne Moss

De olhos bem fechados
(EUA/Grã-Bretanha, 1999, 159 min.)
Direção: Stanley Kubrick
Elenco: Tom Cruise, Nicole Kidman
e Sydney Pollack

Tudo sobre minha mãe
(França/Espanha, 1999, 101 min.)
Direção: Pedro Almodóvar
Elenco: Cecília Roth, Marisa Paredes
e Penélope Cruz

Beleza americana
(EUA, 1999, 117 min.)
Direção: Sam Mendes
Elenco: Kevin Spacey,
Annette Bening e Thora Birch

Gladiador
(EUA, 2000, 155 min.)
Direção: Ridley Scott
Elenco: Russel Crowe, Joaquim Phoenix,
Richard Harris

Magnólia
(EUA, 1999, 180 min.)
Direção: Paul Thomas Anderson
Elenco: Pat Haely, Tom Cruise,
Geneviére Zweig

Laços sagrados
(França/Israel, 1998, 110 min.)
Direção: Amos Gitai
Elenco: Yael Abecassis,
Yoram Hattab, Meital Barda

Celebridades
(EUA, 1998, 109 min.)
Direção: Woody Allen
Elenco: Kenneth Branagh,
Winona Ryder e Charlie Theron

E aí, meu irmão, cadê você?
(EUA, 2000, 106 min.)
Direção: Ethan Coen
Elenco: George Clooney, Tim Blake
e John Turturro.

Adeus, lar doce lar
(França/Suíça/Itália, 1999, 118 min.)
Direção: Otar Iosseliani
Elenco: Nico Tarieslashvili
e Lili Lavina

Nem trens, nem aviões
(Holanda, 1999, 100 min.)
Direção: Jos Stelling
Elenco: Dirk van Dijck,
Kees Prins, Peer Macini

Amor à flor da pele
(Hong Kong, 2000, 90 min.)
Direção: Wong Kar-wai
Elenco: Maggie Cheuing Man-yuk
e Tony Leung Chiu-wai

Traffic
(EUA, 2000, 147 min.)
Direção: Steven Soderbergh
Elenco: Michael Douglas,
Benício Del Toro e Catherine Zeta-Jones

Vatel
(1999, França, 117 min.)
Direção: Roland Joffé
Elenco: Gérard Depardieu
e Uma Thurman

A hora do show
(2000, EUA, 135 min.)
Direção: Spike Lee
Elenco: Damon Wayans
e Jada Pinkett-Smith

Moulin Rouge
(EUA, 2001, 126 min.)
Direção: Baz Luhrmann
Elenco: Ewan McGregor,
Nicole Kidman, John Leguizamo

O quarto do filho
(Itália/França, 2001, 99 min.)
Direção: Nanni Moretti
Elenco: Nanni Moretti
e Laura Morante

A caminho de Kandahar
(Irã, 2001, 85 min.)
Direção: Mohsen Makhmalbaf
Elenco: Niloufar Pazira, Hassan Tantai,
Sadou Teymouri

Terra de ninguém
(Bel/Bos/Fra/Ita/Slo/Ing, 2001, 98 min.)
Direção: Danis Tanovic
Elenco: Branko Djuric e Rene Bitorajac

8 Mulheres
(França, 2001, 120 min.)
Direção: François Ozon
Elenco: Catherine Deneuve,
Isabelle Huppert e Emmanuelle Béart

Casamento à indiana
(Índia, 2002, 114 min.)
Direção: Mira Nair
Elenco: Naseeruddin Shah e Vijay Raaz

A comunidade
(Espanha, 2000, 110 min.)
Direção: Alex de la Iglesia
Elenco: Carmen Maura,
Eduardo Antuña, Maria Asquerino

Dolls
(Japão, 2002, 103 min.)
Direção: Takeshi Kitano
Elenco: Miho Kanno
e Didetoshi Nishijima

O crime do Padre Amaro
(México, 2002, 120 min.)
Direção: Carlos Carrera
Elenco: Gael García Bernal
e Ana Claudia Talacón

Uma mente brilhante
(EUA, 2001, 134 min.)
Direção: Ron Howard
Elenco: Russell Crowe,
Ed Harris, Jennifer Connelly

Intervenção divina
(Palestina, 2002, 92 min.)
Direção: Elia Suleiman
Elenco: Elia Suleiman,
Amer Daher, Jamel Daher

ÍNDICE ONOMÁSTICO (diretores citados)

Alain Resnais, 71, 138, 169, 176
Alex de la Iglesia, 94-95, 188
Alfred Hitchock, 10, 56, 94, 102-110, 136
Agnes Varda, 25
Alejandro Amanábar, 94-95
Alejandro Gonzáles Iñarritu, 149-154
Aleksandr Sukúrov, 157-158, 179
Alexander Dovzhenko, 111
Amos Gitai, 61-62, 100, 187
Amos Kollek, 81
André Klotzel, 15-16, 185
Andrei Konchalovsky, 111
Andrei Tarkovsky, 8, 10, 67, 111-119, 161, 168-174
Anselmo Duarte, 21
Anthony Mann, 56
Arturo Ripstein, 138
Bigas Luna, 94-95
Baz Luhrmann, 79-80, 90, 188
Billy Wilder, 14, 86, 120
Brian de Palma, 110
Bruno Barreto, 14
Buster Keaton, 104
Cacá Diegues, 33-34, 186
Carl T. Dreyer, 169
Carlos Carrera, 98-99, 189
Carlos Saura, 93
Charles Chaplin, 31, 104, 120, 130, 176
Cláudio Assis, 35-36, 186
Danis Tanovic, 86-87, 188
David Cronemberg, 47, 138, 176
David Lynch, 73, 138, 176
David W. Griffith, 25, 57, 104
Derek Jarman, 138
Donald Crisp, 120
Douglas Sirk, 120
Dziga Vertov, 111
Eduardo Coutinho, 21, 29-30, 185
Elia Kazan, 10, 120-128, 159-167
Elia Suleiman, 100-101, 189
Eric von Strohein, 130, 133
Ettore Scola, 70, 82
E. S. Porter, 32
Fernando Leon Aranoa, 94-95
Flávio Frederico, 17-18
François Ozon, 92-93, 188
François Truffaut, 56, 103-105, 108, 110, 132, 138, 176
Frank Capra, 53
Fred Zinnemann, 122

Frederico Fellini, 31, 63, 116, 138
Friederich Murnau, 104
Fritz Lang, 155
Gabriel Axel,31, 75
George Lucas, 42
Georges Méliès, 25, 32
Georges Promiou, 178
Gilo Pontecorvo, 74
Glauber Rocha, 21, 23, 30, 138
Guel Arraes, 34
Hector Babenco, 37-38, 186
Ingmar Bergman, 72, 138, 161, 168-174, 176
Irmãos Coen, 65-66, 73, 187
Irmãos Lumière, 114, 129
Irmãos Wachwoski, 41-44, 186
Jacques Feyder, 131
Jacques Tati, 101
Jafar Panahi, 84
Jean-Luc Godard, 11, 25-26, 99, 138, 155-158, 176, 178
Jean Pierre Jeunet, 92
Jean Renoir, 8, 10, 68, 75, 129-137, 169
Jean Rouche, 29
João Jardim, 25-26, 185
John Boorman, 86
John Woo, 96
Jos Stelling, 32, 69-70, 138, 187
Joseph Losey, 122
Joseph Mankiewicz, 49
Joseph von Sternberg, 120
Julien Duvivier, 131
Krzysztof Kieslowski, 82
Leni Riefenstahl, 159-167
Leon Hirszman, 26
Lírio Ferreira, 23
Louis Delluc, 130
Luc Besson, 56, 92
Luis Buñuel, 60, 68, 93, 99
Luís Fernando Carvalho, 19-20, 185
Luis Sérgio Person, 17
Marcel Carné, 131, 169
Marcel Pugnol, 131
Mauritz Stiller, 169
Mario Monicelli, 82, 93
Max Ophus, 120
Melvin Van Peebles, 77
Michelangelo Antonioni, 138, 169, 176
Micho Manchevski, 86
Mira Nair, 90-91, 188
Mohsen Makhmalbaf, 84-85, 188
Nanni Moretti, 82-83, 188

Nicolas Ray, 122
Otar Iosseliani, 67-68, 111, 187
Patrice Leconte, 92
Paul Thomas Anderson, 58-60, 187
Paulo Caldas, 23
Pedro Almodóvar, 48-51, 94-95, 186
Peter Greenaway, 8, 10, 138-147, 158, 161, 176-179, 181-182
Píer Paolo Pasolini, 138
Quentin Tarantino, 96
Rainer Werner Fassbinder, 92, 169
René Clair, 131
Renato Falcão, 31-32, 186
Ridley Scott, 56-59, 187
Robert Aldrich, 122
Robert Altman, 13-14, 59, 73, 90
Robert Bresson, 169
Robert Guédiguien, 92
Roberto Rossellini, 28, 75
Rogério Sganzerla, 17
Roland Joffé, 75-76, 188
Roman Polanski, 110
Ron Howard, 88-89, 189
Ruy Guerra, 20-23
Sam Mendes, 52-55, 186
Samuel Fuller, 122
Satyajit Ray, 90
Sergei Eisenstein, 111
Sérgio Bianchi, 13-14, 185
Spike Lee, 77-78, 188
Stanley Kubrick, 41, 45-47, 114, 170, 186
Stephen Frears, 75
Steven Soderbergh, 73-74, 187
Steven Spielberg, 176-179, 181-182
Takeshi Kitano, 96-97, 149-154, 188
Teo Angelopoulos, 67
Terrence Malick, 86
Toni Venturi, 23-24, 185
Valério Zurlini, 86
Victor Sjöströn, 169
Vsevolod Pudovkin, 111
Walter Carvalho, 25-26, 185
Walter Hugo Khouri, 17
Walter Salles, 23, 27-28, 185
William Wyler, 53, 120
Wim Wenders, 25
Wolney Oliveira, 21-22, 185
Wong Kar-wai, 71-72, 187
Woody Allen, 63-64, 81, 187
Zhang Yang, 71
Zang Yimou, 71

Ir ao cinema – um olhar sobre filmes foi composto com as tipografias Sabon e Scala Sans no estúdio Entrelinha Design e impresso no papel offset 90g, na gráfica Assahy, em março de 2006.